넌 내가 책임진다

넌 내가 책임진다

김남국

규장

하나님이 책임지시는 인생에
우리의 소망이 있다!

어쩌면 우리의 삶 가운데는 똑바로 가는 것보다 돌아서 가야만 배우는 깊은 감격이 있는 것 같다.

둘로스선교회가 처음 만들어졌을 때 MT를 갔다. MT를 마치고 돌아오는 길에 잠시 소금강을 돌아보았는데 한 구비를 돌 때마다 나타나는 소금강 계곡의 절경에 모두 탄성을 지르며 감격했다. 처음에는 조금만 가보자고 오른 길이었는데 아름다운 절경에 그만 힘든 줄 모르고 계속 올랐던 기억이 있다. 계곡을 오르는 피로감보다 새로운 절경에 대한 기대감이 더 컸기 때문이다.

어떤 시각으로 자신의 삶을 바라보느냐에 따라 우리의 삶도 이렇게 달라진다. '자살'과 '살자'는 한 끝 차이지만 그 결과는 엄청나게 다르다. 똑같은 사건을 만나더라도 어떤 사람은 그 일 때문에 자살하지만 어떤 사람에게는 살아야 할 이유가 되기도 하기 때문이다. 룻기는 바로 이 양면성을 모두 가진 책이다.

룻은 저주받은 이방 족속, 무명하고 아무것도 아닌 자, 빈손, 파산, 무자(無子), 상실, 고통, 끊어짐, 죽음이라는, 아무런 실력도 없는 우리의 어쩔 수 없는 상황을 그대로 대변해주는 인물이다. 그런 룻이 메시아의 조상이 되고, 천국에서 유명한 자가 되고, 풍족해진다. 기업을 잇고, 자식을 낳고, 회복되고, 기쁘고, 생명이 이어지는 축복을 누리게 되었다.

그럼 이토록 다른 삶이 어떻게 만들어졌을까? 이것이 내가 룻을 주목하고 룻에 대해 쓰기 시작한 이유이다.

우리 소망의 이유

몇 해 전, 내가 청년부에 몸담고 있을 때 청년부를 맡아 수고하셨던 집사님(지금은 장로님이 되셨다)을 만나게 되었다. 함께 식사를 하는 동안 집사님이 내게 "남국아, 네가 목사가 되었구나. 그때 나는 네가 어디로 튈지 몰라 걱정을 많이 했다"고 말씀하셨다.

그랬다. 이십 대의 나는 어떻게 살아야 할지 어디로 가야 할지 모르는 삶을 살았다. 그저 룻처럼 하루하루 이삭줍기만 하던 삶이었다. 그러나 룻을 이끌어 가셨던 하나님은 이 시대의 나에게도 여전히 역사하고 계셨다.

롯은 우리가 인생을 기대하며 살아도 좋을 이유를 알려준 여인이다. 내가 룻기를 쓰면서 고민한 것은 '나의 간증보다 룻이 더 많이 드러나야 하지 않을까?' 하는 마음이었다. 아쉬운 마음에 남포교회 박영선 목사님께 이 고민을 털어놓았는데 목사님께서 권면해주신 말씀을 듣고 나는 자유함을 얻었다.

"김 목사, 괜찮아. 간증이 필요한 이유는 하나님께서 롯의 시대에만 역사하신 게 아니라 지금 이 시대에도 다른 사람을 통해서 똑같이 역사하신다는 것을 드러내기 위해서야. 한 사람이라도 이 책을 읽고 은혜를 받으면 되는 거야."

그래서 나는 이 책에 누군가 그 한 사람을 위한 마음을 담았다. 내가 롯을 통해 소망을 얻은 것처럼 누군가 그 한 사람이 이 책을 통해서 우리를 도우시는 하나님의 은혜, 우리를 책임져주시는 극대화된 하나님의 사랑을 만날 수 있기를 소망한다.

하나님만 붙잡아라

나는 룻기를 통해 소망을 가졌고 믿음이 자랐다. 나는 룻기가 성경의 허리와 같은 책이라고 생각한다. 아담과 하와의 타락 이후에 사람들은 죄를 극복하지 못하고 바벨탑을 쌓게 된다. 이 사람들에게 아무런 소망이 없자 하나님께서 한 사람을 일으키셨다. 하나님께서 직접 간섭하고 역사하신 믿음의 길을 가기 시작한 사람, 아브라함이다. 아브라함으로부터 시작하여 다윗을 거쳐서 예수 그리스도까지 와야 우리의 구원이 완성되는 것이다.

"아브라함과 다윗의 자손 예수 그리스도의 계보라"(마 1:1).

그런데 아브라함으로부터 시작된 역사가 다윗으로 이어지기도 전에 사사 시대에 끊어지고 만다. 그러나 하나님은 각자 자기 소견에 옳은 대로 행한 사사 시대의 이스라엘 백성들조차 끊어버리지 않으시고, 영원히 여호와의 총회에 들어올 수 없는 저주받은 모압 여인 룻을 통해 하나님의 기업을 이어가실 만큼 주권적으로 하나님의 축복을 이어가신다. 신본주의 나라 다윗까지 이어져야 예수님에게까지 갈 수 있기 때문이다. 룻기는 바로 이 아브라함과 다윗을 이은 기록이자 하나님께서 끊어진 역사를 어떻게 이어가셨는지, 어떻게 되게 하셨는지를 보여주는 책이다.

룻기는 하나님이 살아 계시는 한 어떤 시대에도 소망이 있음을 말해준다. 이 시대가 다 하나님을 떠나고 하나님을 왕으로 섬기지 않고 타락했는가? 룻기에 그 해답이 있다. 우리의 현실은 하나님의 은혜 없이 살 수 없다. 우리의 연약함과 부족함을 이미 다 아시는 주님은 우리에게 뭐가 되라고 하시지 않는다. 도리어 우리를 무한히 책임지는 사랑으로 일하신다. 그분은 우리에게 복 주기를 원하신다. 우리가 그 하나님을 바라볼 때 소망이 있다. 나를 책임져주시는 하나님만 붙잡아야 한다.

룻이 한 일은 작지만 하나님이 하신 일은 실로 크고 놀랍다. 나는 당신도 룻처럼 살기를 바란다. 하나님을 신뢰하고 맡겨주신 그 자리에서 할 수 있는 일을 하면서 '하나님의 사람'으로 살아가기 바란다. 그것이 비록 이삭을 주우며 버티는 인생이라도 괜찮다. 당신이 살아가는 그 자리에서 하나님의 기업이 이어지고 생명이 피어나고 하나님나라가 이루어질 때 당신은 하나님나라 역사의 중심에 서 있는 것이다.

끝으로 룻기를 나눌 수 있도록 허락해주신 하나님께 모든 영광을 드린다. 한 권의 책이 나오기까지 수많은 분들의 도움이 있었다. 언제나 든든한 기도의 후원자인 주내힘교회 성도들과 둘로스선교회, 마커스 미니스트리에도 감사의 인사를 전한다. 주내힘교회에서 동역하는 김지원, 서찬극, 황시온 부교역자들과 조소희 간사에게도 감사를 전한다. 또 일일이 말하지 못해도 함께 격려하며 충고해주신 모든 분들께 감사드린다.

룻이 나에게 소망을 줬다면 그렇게 살아갈 수 있도록 곁에서 내 인생의 동반자가 되어준, 룻보다 더 사랑스런 나의 아내에게 특별한 감사를 전한다.

2013년 5월 언제나 그 자리에서
김남국 목사 드림

CONTENTS

오직 하나님의 가능성에
소망이 있다

사사들이 치리하던 때에 그 땅에 흉년이 드니라

나는 왜 룻인가?

과부와 사랑에 빠지다

사랑해본 적이 있는가? 나는 한 여자 생각에 석 달 이상 빠져서 헤어 나오지 못한 적이 있다. 아내 얘기도 아니고 아내를 만나 결혼하기 전에 있었던 얘기도 아니다. 눈을 떠도 잠을 자도 꿈을 꿔도 이 여자 생각이 머리에서 떠나지 않았다.

보통 아내가 남편을 보면 내 남편이 요즘 무엇에 빠져 있는지 다 안다. 하루는 멍해 있는 나를 보고 집사람이 이렇게 물었다.

"당신, 요즘 뭘 그렇게 생각해요?"

내가 대답했다.

"여자!"

집사람이 픽 웃으며 다시 물었다.

"어떤 여자?"

"젊은 여자…."

"젊은 여자?"

"어, 과부, 젊고 예쁜 과부….."

명색이 목사인데 목사가 대놓고 바람을 피겠나 싶어 처음엔 그저 웃기만 하던 아내도 내가 몇 날 며칠을 계속 멍하니 넋이 빠져 있자 의아했는지 장난기 없는 얼굴로 내게 다시 물었다. 심각하게 누구냐고.

이때에도 말하지 않으면 그나마 있는 옆 머리털까지 다 뽑힐지 모른다는 불안감에 나는 비로소 정직하게 말했다.

"룻이야!"

룻은 내가 이 땅에서 아무리 많이 생각한다 해도 만날 수 없다. 세상에 이런 여자가 있을까? 멋지고 순수하고 아름다운 여자, 천국에 가야 만날 수 있는 여자다.

아내가 웃으면서 말했다.

"아아, 그래요. 많이 생각해요."

룻이 누군데?

성경에 여자의 이름으로 된 책이 두 권 있다. '에스더서'와 '룻기'이다. 그런데 성경을 읽어보면 에스더서는 씌어질 만한 몇 가지 이유가 있다. 에스더서는 멸절될 위기를 맞은 이스라엘 민족을 건진 '왕비'의 이야기다. "죽으면 죽으리이다"라는 유명한 말도 나온다. 이스라엘의 절기인 부림절이 유래된 이 사건을 통해 이스라엘 민족이 어떻게 살았는지를 설명하기 위해서 에스더서는 기록될 필요가 있다.

그렇지만 룻기는 좀 다르다. 기록되지 않아도 상관이 없다. 실제로 룻기는 사사(士師) 시대 초기를 그 배경으로 하고 있다. 사사기를 보면 마지막 21장 25절, "그 때에 이스라엘에 왕이 없으므로 사람이 각기 자기의 소견에 옳은 대로 행하였더라"라고 끝이 난다. 그리고 사무엘상 1장 1절, "에브라임 산지 라마다임소빔에 에브라임 사람 엘가나라 하는 사람이 있었으니 그는 여로함의 아들이요 엘리후의 손자요 도후의 증손이요 숩의 현손이더라"라고 시작함으로써 이스라엘 역사가 뭉텅 빠지거나 끊어진 것이 아니다. '사사기'와 '사무엘상' 사이에 '룻기'가 없더라도 이스라엘의 역사가 이어지는 것을 보여주는 데는 아무 문제가 없다.

또 룻기를 읽어보면 내용도 그리 대단하지 않다. 그냥 이스라엘의 어떤 가정이 흉년을 피해 모압 땅에 우거하여 거기서 결혼해서 살다가 죽고 다 망한 다음 다시 유다 땅으로 돌아와 재혼해서 아이 하나를 낳았다는 이야기가 전부다. 물론 그 아기가 다윗의 할아버지라고는 해도 다른 성경 어느 중간에 잠깐 써도 될 만한 내용을 기록하기 위해 룻기라는 별도의 성경 넉 장을 할애했다는 것이 나는 좀처럼 이해가 되지 않았다.

그렇다면 도대체 성경에서 룻기가 차지하는 위치는 무엇인가?

롯이라는 여자가 왜 중요한가? 그러다가 내 눈에 확 띈 성경 구절이 있었다.

"사생자는 여호와의 총회에 들어오지 못하리니 십 대에 이르기까지도 여호와의 총회에 들어오지 못하리라 암몬 사람과 모압 사람은 여호와의 총회에 들어오지 못하리니 그들에게 속한 자는 십 대뿐 아니라 '영원히' 여호와의 총회에 들어오지 못하리라"(신 23:2,3).

사생자는 여호와의 총회에 들어오지 못하고 그 십 대까지라도 여호와의 총회에 들어오지 못한다. 그런데 암몬과 모압 사람은 '영원히' 여호와의 총회에 들어오지 못하는 저주받은 족속이다. 영원히 교회 안에 들어오지 못한다는 것이다. 지금 어떤 문제가 있더라도 언젠가 회복될 것을 바라볼 때 소망이 있다. 하지만 영원히 받아들여지지 않는다면 그것은 문제가 다르다.

잘 알다시피 암몬과 모압은 이 족속 자체가 기형인 괴물 족속이다. 창세기 19장에 보면 롯이 천사의 도움으로 소돔과 고모라 땅에서 도망하여 소알에 이르렀다. 하지만 롯은 두려워 소알을 나와 두 딸과 함께 산속 굴에서 살았다. 거기서 큰딸과 작은딸이 모의하여 아버지에게 술을 마시게 하고 아버지와 동침하여 낳은 족속이 모압과 암몬 자손이다.

정말 시작부터 저주받은 족속이다. 여호와의 총회에 들어오지 못하는 저주받은 이 모압 여인의 이야기가 성경 넉 장에 걸쳐서 기록되어 있고, 더욱이 그 여인이 예수님의 조상이 된다니, 이 여자가 누구이기에 하나님이 이 여자를 주목하신 걸까, 이것이 내가 룻에게 빠져들게 된 이유이다.

내가 룻이다!

사실 나는 내가 모압 여인 룻 같다고 생각한다. 나는 불교 집안에서 태어났다. 나의 사촌형님 중에는 큰 절의 주지스님도 있다. 독실한 기독교 가정에서 목사가 나오듯이 독실한 불교 집안에서 스님이 나오는 것은 그리 놀랄 일이 아니다. 내가 뒤늦게 신학교에 가겠다고 하자 어머니가 반대하셨다. 어머니는 그냥 평신도로 살라고 하셨다. 그 이유는 어머니 역시 어렸을 때 비구니(출가한 여자 승려)가 되려 했지만 그 길이 너무 멀고 험해 가지 않으셨다는 것이다.

만일 어머니가 비구니가 되었다면 나는 아마 이 땅에 태어나지도 못했을 것이다. 하나님께서 나를 이 땅에 보내시려고 어머니를 아버지와 결혼시켰다고 나는 믿고 있다. 모압 여인 룻이 이방인 중에서도 이방인이었듯이 나도 뿌리 깊은 불교 집안에서 태어나 하나님을 알지도 못하고 죽을 수도 있었는데, 하나님의 은혜로 목사로 부름 받았고 이 시대에 수많은 청년들에게 하나님의 말씀을 전할 수 있는 은혜를 입은 것이다.

나는 외부로 영상이 나가는 것을 싫어한다. 사실 설교 동영상 공개

요청이 제법 많았다. 그랬으면 좀 더 유명해졌을지도 모르겠다. 하지만 많은 부탁을 거절했다. 여러 가지 이유가 있었지만, 그중에 하나가 내 모습을 영상으로 보는 것을 싫어하기 때문이다. 나는 틱(tic)이 있다. 나는 몸 틱으로 내 의사와 상관없이 신체의 일부가 움직인다.

몸 상태가 좋으면 틱을 안 하는 것 같은데, 영상으로 보면 나도 모르게 눈을 깜박이거나 찡그리는 것이 보인다. 그래서 외부 집회에 가서 앞자리에 앉은 자매들에게 절대로 윙크하는 게 아니니까 오해하지 말라고 농담 삼아 말하기도 한다. 피곤하고 증상이 심할 때면 내 몸의 왼쪽, 왼 손발이 돌아가기도 한다. 이럴 때는 운전을 하면서도 굉장히 조심해야 한다.

그렇다고 내가 불쌍한 사람이라고 생각하지는 않는다. 어차피 우리의 겉사람은 낡아지게 되어 있다. 중요한 것은 겉사람이 아니라 우리의 속사람이 날로 새로워지는 것이다. 물론 나는 내가 천국에 가서도 키가 작고 머리가 빠져 있고 틱이 있을 거라 생각하지 않는다. 어쨌든 이 땅에서 내 모습은 그다지 볼품이 없다.

틱 현상을 떠나서 보여지는 설교든 들리는 설교든 내 설교 자체가 세다. 내 설교를 들으면 목사가 어떻게 저런 말을 할 수 있을까 생각할 분이 있을 정도로 나는 청년들에게 욕을 많이 한다. 내 설교를 오디오로 틀어놓으면 마치 싸우는 것 같다고 한다. 막말에 빠르고 세고 시끄럽고 얼굴에 틱 증상까지, 나도 내가 나오는 영상을 좋아할 수 없다.

나는 고등학교를 졸업할 때까지 부모님이 나를 사랑하시는지 모르고 자랐다. 나의 형님과 동생은 공부도 잘하고 실제로 둘 다 천재였다. 그래서 부모님의 기대는 항상 형님과 동생에게 있었다. 지금은 나도 자녀를 낳아 길러보니 어머니의 마음을 알겠지만 철없는 아이에게 어디 그럴 만한 실력이 있는가.

하필이면 두 사람 다 작지 않은 키에 인물도 좋고 지금까지 머리털도 되게 많다. 공부 못하고 키 작고 머리털까지 빠진 사람은 가운데 낀 나밖에 없었다. 나는 밖으로 놀러 다니면서 허구한 날 장독대를 깨고 다녔다. 어렸을 때부터 내가 듣고 자란 소리는 "너는 커서 장사나 하는 게 좋겠다" 아니면 "기술을 배워라"라는 말이었다. 한마디로 공부할 머리는 아니라는 것이다.

나는 자존감이라는 게 있어본 적이 없었다. 뛰어난 형제를 당해낼 수 없는 내가 집안에서 유일하게 인정받을 수 있었던 것은 오직 '착한 아들'이라는 이름뿐이었다. 나는 여기저기서 "남국아!" 하고 부를 때마다 달려갔다. 심부름이라는 심부름은 내가 다했다.

가능성 없는 선택

초등학교 4학년 때, 나도 한 번 열심히 공부해본 적이 있었다. 정말 죽어라 공부했다. 엄마에게 인정받고 싶었기 때문이었다. 시험을 보고 채점 결과가 나왔는데 첫째 시간에 100점, 둘째 시간에 100점, 셋째 시간에 또 100점을 받았다. 마지막 시간에 자연 과목에서 두 개 틀렸지만 그래도 처음으로 1등을 했다. 이제 드디어 집에 가서 엄마에게 칭찬받게 되었다고 기대에 부풀었다. 이만하면 둘째 아들도 꽤 괜찮다고 인정하실 거라 믿었다.

마침 엄마가 동네 아주머니와 이야기를 나누고 있었다.

"시험 어떻게 됐어?"

모름지기 감동을 주려면 틀린 것부터 얘기해야 한다.

"두 개 틀렸어요."

뭔가 애매한 대답이다 싶으셨는지 엄마가 어디서 뭘 두 개 틀렸는지 다시 물으셨다.

"전부 다 100점 맞았고 자연만 두 개 틀렸어요."

내 말이 떨어지기가 무섭게 옆에 있던 아주머니 입이 쫙 벌어졌다.

"아드님이 공부를 정말 잘하네요."

하지만 엄마는 계속해서 아주머니만 바라보며 이렇게 말했다.

"큰 애는 올 백이에요."

엄마는 내가 아니라 형이 얼마나 똑똑한지를 자랑하셨다. 그때 알았다. 엄마 눈에 나는 없다는 것을.

'해도 안 되는구나. 아, 나는 안 되는구나. 난 엄마 눈에 들 수 없구나.'

어머니는 매우 단순하고 착하신 분이다. 더욱이 그 시절에는 똑똑한 맏이에게 기대를 걸 수밖에 없던 상황이 있었다. 그러나 초등학교 4학년에게는 그런 것을 헤아릴 만한 실력이 없었다.

무언가를 열심히 안 하는 사람들이 하는 착각이 있다. 자신이 안 해서 그렇지 하면 잘할 거라고 생각한다는 것이다. 그런데 나는 그때 최선을 다했다. 최선을 다했지만 형을 이기지 못한 좌절감, 최선을 다하고도 어머니 눈에 들지 못한 낙망이 나의 자존감을 무너뜨렸다.

그래서 그때부터 공부고 뭐고 다 때려치웠다. 공부를 안 해도 공부 때문에 맞아본 적이 없었다. 고2 때 거의 전교 꼴찌를 했는데도 안 맞았다. 애초에 내게 공부에 대해 아무 기대를 하지 않았기 때문이다. 그런데 하나님께서는 여호와의 총회에 영원히 들어오지 못하는 족속인 모압 여인 룻을 선택해주신 것처럼 이런 가능성 없는 나를 선택해주셨다.

나는 고2 때, '경배와 찬양' 집회에서 찬양 중에 주님을 영접했다. 그때 나는 정말 놀랐다. 만일 하나님께서 천재적인 우리 형이나 동생을 선택했다면 더 놀라운 일이 벌어졌을 텐데, 하나님께서 나를 선택하셨다는 것이 그저 놀라웠다.

나중에 내가 신학교를 들어가자 형님은 자신이 정리한 헬라어 동사표를 내게 가져다주었다. 예수님도 안 믿는 형이 성경을 공부할 것도 아니면서 왜 헬라어 동사표를 보나 싶어 물어봤다. 영어를 비롯해서 다른 외국어를 공부하다가 그리스 로마 고전을 원전으로 읽어보려고 헬라어를 공부했다고 한다.

그렇게 헬라어로 원전을 보는 사람이 목사가 되었다면 어땠을까? 신문기자 출신의 아버지를 닮아 언변도 기가 막힌 법대 출신의 형이 목사가 되었다면 사역도 엄청나게 잘할 텐데, 하나님은 그런 형을 목사로 부르지 않으셨다. 철학을 전공한 셋째도 어학과 언어 실력이 탁월하다. 그런데도 선택하지 않으셨다.

공부 때려치우고, 인생을 어떻게 살아야 하는지 모르는 부족한 자, 삶의 비전과 목적도 없는 나 같은 자를 하나님이 선택하신 것이 그저 놀라웠다. 그것을 깨닫자 나에게도 인생의 목적이 생겼다.

'살아보자, 열심히 살아보자! 하나님이 신실하시고 실수가 없으시다면 날 선택하신 이유가 있겠지. 내 삶에도 이유가 있겠지. 인생을 살아가다보면 그 이유를 알게 되겠지.'

룻이 주는 소망

나는 지금도 내가 룻이라고 생각한다. 나는 모압 여인 룻처럼 아무 실력이 없다. 과부가 무슨 실력이 있겠는가. 성경에서 말하는 약자가 '고아'와 '과부'와 '객'(客)이다. 그중에 최약자가 과부다. 객은 돌아갈 고향이 있다. 고아는 자라면 어른이 된다. 하지만 과부는 늙으면 더 초라한 늙은 과부가 될 뿐이다. 젊을 때가 차라리 낫다.

게다가 모압 여인이다. 한국에서도 외국인 며느리, 그것도 방글라데시 여자라고 하면 어떤가? 제대로 인정해주지 않는다. 무시한다. 룻은 여호와의 총회에 영원히 들어오지 못하는 기형적인 족속의 여인이다. 선민의식을 가진 유대인들은 이방인을 개처럼 취급했다. 그중에서도 가장 끔찍한 이방인이 모압과 암몬 족속이다. 그 모압 족속 중에서도 가장 힘없는 과부가 바로 룻이다.

이 여인을 통해 무엇을 할 수 있을까? 지금으로 말하면 아무 스펙도 없고 능력도 없는 여인이다. 솔직히 말하면 아브라함은 전교 1,2등 하는 우등생이다. 지금이라도 자기 자식을 아브라함처럼 제단에 번제로 바칠 수 있다고 하는 사람이 몇이나 될까? 이삭도 매번 우물을 빼앗겨 속은 좀 타 들어갔어도 항상 양보한다. 그만큼 모범생이다.

사실 나는 하나님께서 아브라함처럼 이삭처럼 요셉처럼 살라고 하신다면 자신이 없다. 그렇지만 이 모압 여인 룻이라면 좀 다르다. 룻은 대단한 결단이나 능력이 있었던 여인이 아니다. 나오미를 따라와서 시어머니를 섬기며 하루하루 이삭을 주우면서 살다가 보아스를 만나 결혼해서 아이를 낳고 산 것밖에 없다.

내가 모압 여인 룻과 같이 비록 실력과 배경이 없더라도, 하나님께서 기록하고 싶었던 이 여인과 같은 고백이 내게 있다면, 버림받고 부족한 이 여인을 하나님이 이끌어 오셔서 예수님의 조상으로 삼고 높이신 만큼 이 여인이 한 고백대로 나도 살 수 있다면, 하나님께서도 분명히 나를 주목하고 나를 써주시겠구나 하는 생각에 나는 룻에게 집중하기 시작했다. 그것이 나의 유일한 관심사였다.

한국은 지금 매우 심각한 시대를 살아가고 있다. 영적으로 무지하고, 교회와 목회자와 성도들이 타락하고 있다. 이 영적인 타락을 보면서 교회가 곧 망할 것처럼 말하는 사람들도 있다. 그러나 우리가 아무리 어려운 시대를 살아간다 해도, 사사 시대와 같이 하나님을 왕으로 섬기지 않고 각자 자기 소견에 옳은 대로 살아가는 끔찍한 시대, 가장 가능성이 없는 시대, 희망이 끝난 시대라고 해도, 가장 가능성이 없는 사람 룻과 같은 여인일지라도 하나님을 향하는 눈과 마음만 있다면 하나님이 다시금 놀라운 일을 시작하실 것이다. 지금 이 시대에 필요한 사람은 스펙이나 능력이 뛰어난 인물이라기보다는 룻과 같이 고백하고 살아가는 사람이라고 생각한다.

하나님의 가능성에 우리의 소망이 있다.

사사 시대의 사람들

여호와를 알지 못하는 세대의 일어남

🌿 사사들이 치리하던 때에 그 땅에 흉년이 들었다.

1 사사들이 치리하던 때에 그 땅에 흉년이 드니라 유다 베들레헴에 한 사람이 그의 아내와 두 아들을 데리고 모압 지방에 가서 거류하였는데 룻기 1:1

그러면 사사들이 치리하던 그 '때'란 어떤 때인가?
"여호와의 종 눈의 아들 여호수아가 백십 세에 죽으매 무리가 그의 기업의 경내 에브라임 산지 가아스 산 북쪽 딤낫 헤레스에 장사하였고 그 세대의 사람도 다 그 조상들에게로 돌아갔고 그 후에 일어난 '다른 세대'는 여호와를 알지 못하며 여호와께서 이스라엘을 위하여 행하신 일도 알지 못하였더라"(삿 2:8-10).
여호수아가 죽고 그 후에 일어난 다른 세대가 여호와를 알지 못하고 여호와께서 행하신 일도 알지 못했다는 고백이다. '다른 세대' 란 1세대 그 다음 2세대, 3세대라는 세대 차만을 의미하는 것이 아니다. 그보다 더 중요한 것이 있다. 같은 시대를 살아가더라도 대화해보면 생각과 사고가 다르고, 종자가 다른 것 같은 그런 사람이 있다. 단순한 세대 차이 정도가 아니라 전혀 다른 마인드로 살아가는 사람들이다.

"쟤는 생각하는 것이 우리와 너무 달라."

그렇다고 해서 이 다른 세대가 단순히 하나님을 모르는 세상 사람들은 아니다. 이들은 여전히 하나님이 선택한 이스라엘 백성들이다. 오늘날로 치면 열심히 교회에 나와서 종교생활을 하는 자들이다. 이 다른 세대는 하나님을 알지 못하고 세상으로 갔다. 그런데 놀랍게도 그들은 문제가 생길 때마다 기도한다. 예배하러 나온다. 그러나 성경은 그들이 하나님을 알지 못한다고 한다.

나는 제자훈련을 할 때 '하나님의 불가능성'을 가르친다. 우리가 하나님에 대해 오해하는 것들을 반드시 가르친다. 하나님의 불가능성, 그 첫 번째가 하나님은 죄와 함께하지 못하신다는 것이다. 그것은 능력의 문제가 아니라 성품의 문제다. 성경이 그 이야기를 하고 있다.

그러니까 죄를 지으면서 "하나님, 도와주세요"라고 기도하면 안 된다. 하나님은 죄를 미워한다고 하셨고, 죄를 지으면 함께하지 않겠다고 하셨다. 하나님은 죄와 함께하지 못하신다. 그것이 거룩하신 하나님의 성품이기 때문이다. 그런데 이 다른 세대는 자신들이 행하는 것이 하나님이 좋아하시는 건지 아닌지, 기뻐하시는 건지 아닌지를 모른다. 그렇기 때문에 성경에서 그들이 하나님을 알지 못한다고 하는 것이다.

그들이 죄를 지어 주위에 있는 모든 대적을 통해 죄에 대한 징계로 압제를 당할 때마다 이스라엘 자손은 하나님께 슬피 부르짖었다. 그러면 하나님께서는 그들을 사랑하시기 때문에 그들을 불쌍히 여기셔서 그들을 위해 사사를 보내주셨고, 하나님께서 그 사사와 함께하심으로 그 사사가 사는 날 동안에는 대적의 손에서 구원해주셨다.

그렇다. 이스라엘 백성은 어려우면 부르짖었고 그럴 때마다 하나님께서 사사를 보내주셨는데도 여전히 다시 죄를 지으며 하나님을 모르는 '다른 세대'로 살아간 것이다. 이스라엘 자손의 타락, 하나님의 징계, 그래도 이스라엘 자손이 여호와께 부르짖으면 사사를 보내어 구원하시고 그러면 다시 평안이 찾아왔지만, 그들은 그것을 망각한 채 또다시 죄 가운데 타락했다.

이 죄의 순환 사이클은 단순하게 반복되기만 한 것이 아니다. 나선형으로 점점 더 타락해가는 양상을 띠었다.

사사 시대 타락의 정도

죄악의 강도가 얼마나 더 세졌는지 보자. 사사기에 나오는 이스라엘의 마지막 사사는 삼손이다. 그때 놀라운 일이 벌어진다. 이스라엘 백성이 범죄했기 때문에 하나님께서는 이들을 징계하신다. 그런데 이들이 더 이상 하나님께 부르짖지 않는다. 그런데도 하나님께서 사사를 그냥 보내주신다.

놀라운 것은 사사 역시 온전하지 않다는 것이다. 삼손은 나실인인데도 구별되지 않고 먹을 것 다 먹고 부정한 짓도 서슴지 않았다. 사사인지 한량인지 건달인지 알 수가 없다. 그런데도 하나님이 어떻게든지 다 하신다. 그러면 이스라엘 자손이 돌아와 하나님을 섬겨야 하는데 이제는 아예 사사를 팔아넘긴다. 이것이 무엇을 말해주는가? 더 이상 하나님을 부르지도 않고 은혜를 줘도 그 은혜를 받지 못할 만큼 이스라엘 자손이 강퍅해졌음을 나타낸다.

사사 시대의 타락이 어느 정도였는지는 사사기 19장에 나오는 한 레위인과 그의 첩 이야기를 보면 알 수 있다. 한 레위인과 그의 첩이 장인의 집에 머물렀다가 집으로 돌아가는 길에 날이 저물자 베냐민 지파의 땅 기브아에서 유숙하게 되었다. 그런데 그곳에서 레위인의 첩이 불량배들에게 성폭행을 당해 죽고 만다.

"그들이 마음을 즐겁게 할 때에 그 성읍의 불량배들이 그 집을 에워싸고 문을 두들기며 집 주인 노인에게 말하여 이르되 네 집에 들어온 사람을 끌어내라 우리가 그와 관계하리라 하니 집 주인 그 사람이 그들에게로 나와서 이르되 아니라 내 형제들아 청하노니 이 같은 악행을 저지르지 말라 … 무리가 듣지 아니하므로 그 사람이 자기 첩을 붙잡아 그들에게 밖으로 끌어내매 그들이 그 여자와 관계하였고 밤새도록 그 여자를 능욕하다가 새벽 미명에 놓은지라" (삿 19:22-25).

그런데 이 레위인으로 말할 것 같으면, 자기 대신 자신의 첩을 불량배들에게 내어준 것도 모자라 아침이 되어 집 문 앞에 쓰러져 있는 여인에게 이렇게 말했다.

"일어나라. 우리가 떠나가자."

성경에는 분명히 "동틀 때에 여인이 자기의 주인이 있는 그 사람의 집 문 앞에 이르러 엎드러져 밝기까지 거기 엎드러져 있더라"(삿 19:26)라고 했지 죽었다는 말이 없다. 자신의 첩이 불량배들에게 끌려가서 밤새 능욕을 당하는 상황에서 잠을 잔다는 것은 말이 안 된다. 또 동이 틀 때 집으로 돌아와 문 앞에 쓰러진 여자를 즉시 발견했다면, 아침이 밝아올 때까지 지체하지 않았다면 여자가 살 수 있었을지 모른다. 적어도 그는 일어나자마자 자신의 첩을 찾아야 했고 찾았으면 그가 얼마나 상했는지 살피고 위로하고 걱정부터 해야 했다.

그는 레위인이다. 성소(聖所)의 일을 맡은 사람이다. 적어도 전도사 정도 된다는 말이다. 그런 그가 문지방을 붙잡고 쓰러져 있는 여자를 보자마자 일어나라고 한다. 밤새 그런 일을 당했는데 무정하게 가자고 한다. 기가 막히게 타락했다.

충만의 어그러짐

레위인은 자기 첩의 시체를 열두 토막으로 잘라 이스라엘 열두 지파에게 각각 한 토막씩 보냈다. 이에 모든 이스라엘의 사람들이 기브아의 베냐민 자손을 쳐서 이스라엘에서 한 지파가 없어질 위기에 처한다. 하나님은 이스라엘에게 열두 지파를 주셨다. 그러면 이 열두 지파가 어떤 의미인가?

성경의 숫자에는 상징적인 의미가 있다(물론 성경을 모두 그렇게 풀어서는 안 된다). 일례로 요한계시록에는 십사만 사천(144,000)이라는 숫자가 나온다. 이 십사만 사천을 문자적으로 해석하는 이단이 있는데 그것은 정말 무식한 말이다.

성경의 '삼'(3)이라는 숫자를 하늘의 숫자라고 하고, '사'(4)를 땅의 숫자라고 한다. 삼 더하기 사는 '칠'(7)이다. '7'은 완전수이다. 삼 곱하기 사는 '십이'(12)다. '12'를 충만수라고 한다. 하늘과 땅을 곱한 충만수 십이 곱하기 십이가 백사십사(144)다. 충만과 충만을 곱한 숫자 백사십사에 1천을 곱하면 하늘나라에 들어갈 충만의 숫자 십사만 사천(144,000)이 나오는 것이다.

그렇다면 왜 천(1,000)을 곱할까? 성경이 기록될 당시 가장 큰 수 개념의 단위가 천(千)이었기 때문이다. 내가 고등학교 다닐 때만 해도 가장 큰 수의 단위 하면 백만(million)이었다. 그래서 가장 큰 부자를 백만장자라고 불렀고, 엄청난 돈을 들여 만든 대단한 생체공학 인간이라고 해서 〈육백만 불의 사나이〉라는 제목의 TV 외화까지 있었다. 지금은 가장 큰 숫자가 '억'(億)이다. 이 시대의 부자를 억만장자라고 부른다. 물론 조(兆)도 있고 경(京)도 있다. 하지만 이것은 그 시대에 가장 큰 수의 단위를 말하는 것이다.

성경의 시대는 천(千)이다. 하나님께서 하나님을 사랑하고 하나님의 계명을 지키는 자에게 천 대까지 은혜를 베푸신다고 하셨는데 '천 대까지'란 '영원히' 복을 주신다는 숫자적 개념이다.

"나 네 하나님 여호와는 질투하는 하나님인즉 나를 미워하는 자의 죄를 갚되 아버지로부터 아들에게로 삼사 대까지 이르게 하거니와 나를 사랑하고 내 계명을 지키는 자에게는 천 대까지 은혜를 베푸느니라"(출 20:5,6).

오병이어와 칠병이어 사건을 잘 알 것이다. 떡 몇 개와 작은 생선 두어 마리를 가지고 많은 무리가 배불리 먹고 남긴 기적의 사건이다. 그런데 예수님은 왜 먹이는 데 필요한 분량을 딱딱 못 맞추고 꼭 남기셨을까? 먹고 남은 것을 모았더니 열두 바구니와 일곱 광주리를 거두었다는 말씀에도 숫자적 개념이 들어 있다. 예수님 앞에 가지고 나온 어떤 적은 것이라도 예수님이 축사하시자 충만하고 완전해졌다는 상징 말이다.

하나님께서 이스라엘에게 주신 열두 지파는 굉장히 중요한 의미가 있다. 하나님은 이스라엘의 열두 지파를 택해 하나님의 백성, 충만한 민족을 만드셨다. 그런데 사사기 말미에 이 레위인의 첩의 문제로 전쟁이 일어나 베냐민이라는 한 지파가 망가지고 없어질 만큼의 위기가 찾아온 것이다. 이스라엘이 그만큼 타락한 것이다.

반복되는 선악과 사건

사사기의 대미를 장식하는 결론이다.

"그 때에 이스라엘에 왕이 없으므로 사람이 각기 자기의 소견에 옳은 대로 행하였더라"(삿 21:25).

그때 왕이 없었는가? 이스라엘의 왕이 누구인가? 하나님이시다. 여호와시다. 그러니까 이 말은 이스라엘 백성이 하나님을 왕으로 섬기지 않고 각자 자기 생각에 옳은 대로 했다는 것이다. 이것은 바로 선악과 사건과 연결된다.

하나님께서 왜 선악과(善惡果)라는 금령(禁令)의 나무를 만드셨는가? 하나님께서는 모든 것을 창조하시고 인간을 더 특별하게 만드셨다. 인간 위에는 하나님 한 분 외에 아무도 없다. 하나님은 인간에게 하나님이 창조하신 모든 것을 다스리게 하셨다. 하나님은 인간을 만물의 영장으로 만드셨다. 그러나 단 한 가지, 인간의 주권자가 하나님이심을 인정하도록 하셨는데, 그것을 인정한다면 이 나무의 열매는 먹지 말라고 말씀하셨다. 이것이 선악을 알게 하는 나무의 존재 의미다.

하나님은 이렇게 말씀하실 수도 있다.

"너의 주권자로 나를 인정하느냐? 그렇다면 이 물을 먹지 말라."

이렇게 명령하셨다면 그것이 선악수(善惡水)가 된다. 선악을 알게 하는 물이다.

"너의 주권자로 나를 인정하느냐? 그렇다면 이 바위 위에 올라가지 말라."

이렇게 말씀하셨다면 그것이 선악석(善惡石)이다.

그럼 성경에서 말하는 '선악'이란 무엇인가? 하나님의 주권을 인정하고 하나님의 말씀에 순종하는 것이 선(善)이며, 하나님의 말씀에 순종하지 않고 자기 소견에 옳은 대로 하는 것이 악(惡)이다. 성경에서 말하는 선악은 윤리가 아니다. 하나님의 기준을 뜻한다.

사사 시대에도 이스라엘의 왕은 하나님이시다. 그런데 하나님을 왕으로 섬기지 않고 각자 자기 소견에 옳은 대로 하고 망했다. 그렇기 때문에 선악과 사건이 재반복된 사건이라고 하는 것이다. 아담과 하와는 왕이신 하나님의 말씀을 지켜 선악과를 먹지 말아야 했다. 그런데 뱀의 말처럼 하나님과 같이 되고자 하고, 자기가 왕이 되려 하고, 자기 마음대로 하고 싶고, 자기 주권을 유지하여 독립하고 싶어 했기 때문에 선악을 알게 하는 나무의 열매를 먹은 것이다.

죄는 하나님을 떠나 독립성을 갖고자 한다. 그러나 사람은 독립적이지 않다. 사람은 의존적이다. 실제로 세상 사람들이 가진 독립성은 죄로 말미암은 불완전한 것이다. 성경에 나오는 여러 가지 표현을 보라. 제자, 양, 군사, 자녀 등 실제적으로 하나같이 하나님과 우리의 관계를 표현하고 있다. 하나님께서 목자이시고 우리가 양이다. 하나님께서 대장이시고 우리가 군사다. 하나님께서 아버지이시고 우리는 자녀다. 인간이라는 존재는 독립적이지 않고 하나님께 의존적이다. 스스로 존재하는 자는 하나님 한 분뿐이시다.

물론 사사 시대에도 하나님께서 이스라엘의 왕이셨지만 그들은 하나님을 왕으로 섬기지 않고 각자 자기 소견에 옳은 대로 행했다. 선악과를 따먹을 때부터 있었던 인간의 죄성(罪性)이다. 사사 시대란 바로 이런 시대를 가리킨다.

하나님 앞으로
나오는 자를 돌아보신다

나오미가 모압 지방에서 그의 며느리 모압 여인 룻과 함께 돌아왔는데

신앙의 궤도 이탈

멀리멀리 갔더니

유다 베들레헴 사람으로, 아내와 두 아들을 데리고 베들레헴을 떠나 모압 지방으로 간 이 사람의 이름은 엘리멜렉이다. 그 이름은 "하나님은 왕이다"라는 뜻이다. 아이러니하게도 "하나님은 왕이다"라는 고백을 가진 사람이 하나님을 왕으로 섬기지 않고 여호와의 총회에 영원히 들어오지 못하는 족속의 땅 모압으로 간 것이다.

국가는 통치권이 있고, 백성이 있고, 영토가 있어야 형성된다. 그런데 하나님이 계시고 그의 백성이 있고 그가 거주할 영역이 있는데, 그가 하나님을 떠나 반대편 이방 족속의 땅으로 가버렸다는 것은 단적으로 사사 시대가 어떤 시대인지 그 시대를 반영하는 것이다. 하나님을 왕으로 섬겨야 하는 하나님의 백성이 하나님을 떠난 영적 상태를 알려준다.

1 사사들이 치리하던 때에 그 땅에 흉년이 드니라 유다 베들레헴에 한 사람이 그의 아내와 두 아들을 데리고 모압 지방에 가서 거류하였는데 2 그 사람의 이름은 엘리멜렉이요 그의 아내의 이름은 나오미요 그의 두 아들의 이름은 말론과 기룐이니 유다 베들레헴 에브랏 사람들이더라 그들이 모압 지방에 들어가서 거기 살더니

룻기 1:1,2

룻기 1장 1절에 보면 "사사들이 치리하던 때에 그 땅에 흉년이 드니라"라고 나온다. 유다 베들레헴 땅에 흉년이 들었다. 베들레헴이란 "떡집"이라는 뜻이다. '떡집'이라는 이름을 붙였다는 것은 거기에 양식이 많음을 의미한다. 그런데 떡집에 떡이 떨어졌다. 설령 다른 곳에 떡이 없더라도 '떡집'이라는 이름을 가진 베들레헴에는 떡이 있어야 하는데, 그 베들레헴조차 흉년이 들었다는 것은 매우 심각한 흉년이었음을 의미한다.

"내가 오늘 너희에게 명하는 내 명령을 너희가 만일 청종하고 너희의 하나님 여호와를 사랑하여 마음을 다하고 뜻을 다하여 섬기면 여호와께서 너희의 땅에 이른 비, 늦은 비를 적당한 때에 내리시리니 너희가 곡식과 포도주와 기름을 얻을 것이요 또 가축을 위하여 들에 풀이 나게 하시리니 네가 먹고 배부를 것이라 너희는 스스로 삼가라 두렵건대 마음에 미혹하여 돌이켜 다른 신들을 섬기며 그것에게 절하므로 여호와께서 너희에게 진노하사 하늘을 닫아 비를 내리지 아니하여 땅이 소산을 내지 않게 하시므로 너희가 여호와께서

주신 아름다운 땅에서 속히 멸망할까 하노라"(신 11:13-17).

하나님께서 이스라엘 백성에게 주리라고 맹세하신 땅은 하나님께서 돌보시는 땅으로 그들이 그 땅에서 하나님의 말씀을 지켜 섬기면 그 땅의 소산을 풍성히 얻을 것이나 그들이 하나님을 떠나 다른 신을 섬긴다면 그 땅에서 속히 멸망하게 될 것을 말씀하셨다.

그러면 떡이 떨어졌다는 것이 무슨 상징인가? 이 백성이 이 말씀을 어겼다는 상징이다. 이 백성이 하나님의 말씀을 지켰다면 이런 일은 없다. 하나님의 말씀을 어겼기 때문에 사사들이 치리하던 그 땅에 흉년이 들 수밖에 없었다는 뜻이다.

아버지가 아들에게 "하나님은 왕이다"라는 뜻의 이름을 지어주었다는 것이 무슨 뜻이겠는가? 이 아들이 하나님을 왕으로 섬기며 자라기를 소망하는 마음으로 지어준 것이다. 그런데 그 아들이 하나님을 왕으로 섬기지 않는다. 유다 베들레헴 떡집에 떡이 떨어진다. 사사 시대는 이렇게 기막힌 시대였다.

더 나아가 그의 아내 이름은 나오미다. 나오미는 "사랑스러움", "감미로움", "즐거움", "희락"이라는 뜻이다. 하나님을 왕으로 섬기며 살라는 '엘리멜렉'이라는 이름이나 하나님의 즐거움이 되라는 '나오미'라는 이름은 매우 좋은 이름이다.

그렇다면 두 아들의 이름은 어떤가? 두 아들 말론과 기룐은 "병약함", "쇠약함"이라는 뜻이다. 하나님을 왕으로 섬겨 즐거움을 누려야 될 자들이 하나님을 떠나 세상으로 가서 병약해지고 쇠약해진 것이다. 이것이 하나님을 떠난 자들의 영적 상태이자 그 당시 이스라엘의 상태다.

그들은 유다 '베들레헴 에브랏' 사람들이었다. 에브랏은 베들레헴의 옛 이름이다. 이처럼 성경에서 강조는 반복으로 나타난다. 베들레헴은 예루살렘과 가깝다. 그런데 장차 예수님이 태어나실 베들레헴 땅, 떡집의 사람들이 어디까지 갔는가?

베들레헴에서 모압 지방으로 갔다는 것은 사해 바다를 건너갔다는 것이 아니라 북으로 암몬을 지나 뺑 돌아서 갔다는 것을 의미한다. 말하자면 하나님을 떠나 완전히 세상으로 갔다는 것이다.

---

³ 나오미의 남편 엘리멜렉이 죽고 나오미와 그의 두 아들이 남았으며
⁴ 그들은 모압 여자 중에서 그들의 아내를 맞이하였는데 하나의 이름은
오르바요 하나의 이름은 룻이더라 그들이 거기에 거주한 지 십 년쯤에
⁵ 말론과 기룐 두 사람이 다 죽고 그 여인은 두 아들과 남편의 뒤에 남았
더라
룻기 1:3-5

결국 망해버린 사람들

나오미의 남편 엘리멜렉이 먼저 죽고 두 아들이 남았는데 그들이 모압 여자를 아내로 맞이했다. 그런데 룻기 4장에서 "이

에 보아스가 룻을 맞이하여 '아내'로 삼고 그에게 들어갔더니 여호 와께서 그에게 임신하게 하시므로 그가 아들을 낳은지라"(룻 4:13) 라고 했을 때 '아내'와 나오미의 두 아들이 모압 여자 중에 오르바 와 룻을 아내로 맞이했다고 할 때의 '아내'가 다른 단어로 쓰였다.

룻기 4장의 아내가 정상적인 결혼으로 맞이한 아내라면 룻기 1장 에 나오는 아내란 비정상적인 결혼을 의미한다. 동일하게 이 비정 상적인 결혼을 의미하는 '아내'가 쓰인 경우가 사사기에도 나온다.

"베냐민 자손이 그같이 행하여 춤추는 여자들 중에서 자기들의 숫자대로 붙들어 아내로 삼아 자기 기업에 돌아가서 성읍들을 건축 하고 거기에 거주하였더라"(삿 21:23).

이스라엘이 베냐민 지파를 쳐서 아무도 베냐민 사람에게 자신들 의 딸을 아내로 주지 않기로 맹세했기 때문에, 이스라엘 가운데 한 지파가 없어질 위기에 처하자 그들이 묘안을 냈다.

바로 포도원에 숨어 있다가 춤추러 나오는 실로의 처녀들을 붙들 어 아내로 삼는 것이다. 탈취해서 아내를 얻은 비정상적인 결혼을 가리키는 단어로 '아내'가 쓰였다. 특별히 에스라서와 느헤미야서 에서 이방 여인을 아내로 맞이한 것을 책망할 때에도 이 단어가 많 이 쓰였다.

하나님이 선택한 백성이 하나님이 인정하지 않는 이방 여인과 결 혼한다는 것은 무슨 뜻인가? 여호와의 총회에 영원히 들어오지 못 한다고 선포된 자와 결혼한다는 것은 어떤 의미에서 돌아오지 않겠다는 뜻도 된다. 비정상적인 방법이다.

나는 결혼해서 하나님이 처음 아들을 주시면 '하람'이라는 이름을 지으려고 준비해두었다. 나는 오랫동안 '하나님의 사람'을 꿈꿨다. 이스라엘은 하나님의 선민(選民)이다. 우리 식으로 말해서 교회에 다닌다. 하지만 어떤 사람을 "너 하나님의 사람아"(딤전 6:11)라고 부른다고 상상해보라. 주님을 믿어도 하나님의 사람이 있다고 생각하면 나는 심장이 다 벌렁거렸다. 그만큼 나에게는 그 이름이 소중했고 내 아들이 그런 하나님의 아들이 되었으면 하는 소망으로 그 이름을 지어주었다.

둘째 아들은 "하나님의 길을 준비하는 자"라는 뜻으로 '김하준'이라고 지었다. 세례 요한을 떠올리며 지은 이름이다. 그런데 그런 소망과 기대를 품고 키운 아들이 무당 집 딸을 며느리 감이라고 데려왔다면 어떨까?

'얘가 돌았나? 하나님에 대한 두려움도 없나?'

내가 이런 생각을 하지 않겠는가? 모압 여인이 그렇다는 말이다. 결국에 그 여자와 결혼까지 감행한다는 것은 하나님을 떠나 돌아오지 않겠다는 뜻이 아니고 무엇이겠는가? 그것은 믿음의 사람으로서 하나님이 인정하실 수 없는 결혼이다.

그런데 어떤 일이 벌어지는가? 말론과 기룐 두 아들이 다 죽고 만다. 그들이 모압 지방에 거주한 지 10년쯤이다. 10년 만에 모든 조건을 상실하게 된 것이다. 하나님이 왕이라는 고백을 가진 자가 모압 지방으로 가서 자신도 죽고 두 아들 모두 죽음을 맞았다. 결국 모든 것이 끝났다. 이 상황이 그 당시 이스라엘을 상징한다. 하나님을 왕으로 모셔야 될 이스라엘 백성이 각자 자기 소견에 옳은 대로 행하고, 자기 뜻대로 이방인과 결혼하고, 자기 마음대로 하나님이 인정할 수 없는 삶을 살아간다. 그렇기 때문에 결국 망해버린 시대가 사사 시대다.

신앙의 중심론

신앙이 무엇이라고 생각하는가? 신앙은 중심의 문제가 가장 중요하다. 하나님을 믿는 백성에게 가장 중요한 것은 그 중심에 하나님이 계시는 것이다. 사람은 자기 중심에 따라 마인드가 바뀐다. 중심이 틀어지면 다 틀어지는 것이다. 우리의 신앙이 이 점을 간과하고 있다.

우리 교회는 평균 연령이 35세 안팎으로 청년들이 많다. 젊다. 나보다 나이가 많은 분들이 그리 많지 않다. 사는 곳도 여기저기 흩어져 있다. 평균 한 시간에서 한 시간 반 정도 걸려서 교회에 온다. 그런데 우리 교회 청년들은 교회가 너무 멀어서 신앙생활하기 힘들다는 말을 하지 않는다.

왜 그런가? 집과 교회 중 어디가 중심인가? 집이 먼가? 교회가 먼가? 집이 중심이면 교회가 먼 것이지만 교회가 중심이면 집이 먼 것이다. 만약 집과 교회가 50킬로미터 거리라고 생각해보라. 이때 집이 중심이어도 50킬로미터 거리가 나고, 교회가 중심이어도 똑같이 50킬로미터 거리 차이가 난다. 집이 중심이어도 길은 비뚤고 차가 막히고, 교회가 중심이어도 길이 삐뚤고 차가 막힌다. 이것은 불변이다.

내가 가진 중심에서 바라보는 여건과 상황은 사실이다. 교회가 멀어서 시간이 없다는 그 사람의 상황은 그가 어려워지는 이유로 합당하다. 문제는 그것이 내 중심의 인본주의라는 데 있다.

민수기 13장에 어떤 일이 벌어지는가? 열두 명의 정탐꾼이 정탐을 마치고 돌아왔다. 그중 열 명의 정탐꾼이 그 땅을 악평했다. 나는 이 말씀을 읽을 때마다 가슴을 쳤다. 억울했다. 열 명의 정탐꾼이 갈렙과 여호수아와 똑같은 고백을 했다면 그 당시에 그 땅을 취했을 텐데 하는 안타까움 때문이다.

열 명의 불순종으로 갈렙과 여호수아는 다음 세대를 위해 남겨지게 되었다. 시대를 바꾸고 나라를 변화시키기 위해서는 한두 명으로는 안 된다. 소돔과 고모라에 의인 열 명이 있었다면 소돔과 고모라는 멸망하지 않았고, 갈렙과 여호수아처럼 고백하는 열 명의 정탐꾼이 있었다면 그 땅을 차지했을 것이다. 그렇다. 하나님은 준비된 세대와 그룹을 쓰신다. 문제는 하나님 중심으로 살아가는 준비된 백성들이 과연 그 시대에 있느냐는 것이다.

그렇다고 열 명의 정탐꾼의 보고가 틀렸는가? 아니다. 맞다. 젖과 꿀이 흐르는 것도 맞고, 과실이 달린 가지를 두 사람이 막대기에 꿰어 둘러 멜 만큼 큰 과실이 맺히는 것도 맞다. 더불어서 성읍이 견고하고 그곳 백성이 크고 강한 것 역시 맞다. 그래서 "우리는 스스로 보기에도 메뚜기 같으니 그들이 보기에도 그와 같았을 것이니라"(민 13:33)라는 보고 역시 정확한 보고다. 이것은 믿음과 상관이 없다. 믿음이 있으면 아낙 자손이 작아 보이는가? 그런 것이 아니다. 그런 것은 없다. 보고는 모두 정확했다.

하나님의 마인드

다윗이 골리앗에 맞서 싸울 때 어땠을까? 골리앗의 기골이 장대한 것을 다윗이 보지 못했다고 생각하는가? 아니다. 물론 다 봤다. 그러나 다윗은 세상의 견고함도 봤지만 그보다 더 크신 하나님의 강함을 보았다. 여호와의 중심에서 본 것이다.

반면에 사울이 본 것은 무엇인가?

"사울이 다윗에게 이르되 네가 가서 저 블레셋 사람과 싸울 수 없으리니 너는 소년이요 그는 어려서부터 용사임이니라"(삼상 17:33).

사울은 인본주의에서 보았다. 사울이 쓴 '용사'라는 단어는 단순한 의미가 아니라 "전쟁의 사람"이라는 뜻이 있다. 쉽게 말해서 사울은 다윗에게 이렇게 말한 것이다.

"얘, 골리앗은 어렸을 때부터 이종격투기 챔피언이지만 너는 아이잖아? 그런데 네가 어떻게 이겨?"

그러면 다윗은 어떻게 보았는가? 다윗에게는 골리앗이 용사든 이종격투기 챔피언이든 그것이 중요한 게 아니었다. 다윗은 골리앗이 살아 계신 하나님의 군대를 모욕했다는 데 주목했다.

다음은 다윗의 고백이다.

"다윗이 사울에게 말하되 주의 종이 아버지의 양을 지킬 때에 사자나 곰이 와서 양 떼에서 새끼를 물어가면 내가 따라가서 그것을 치고 그 입에서 새끼를 건져내었고 그것이 일어나 나를 해하고자 하면 내가 그 수염을 잡고 그것을 쳐죽였나이다 주의 종이 사자와 곰도 쳤은즉 살아 계시는 하나님의 군대를 모욕한 이 할례 받지 않은 블레셋 사람이리이까 그가 그 짐승의 하나와 같이 되리이다"(삼상 17:34-36).

다윗이 양을 지킬 때 사자나 곰이 양을 물어가면 그가 뒤쫓아가서 그 짐승을 치고 그 입에서 양을 건져내었고 그 짐승이 덤벼들면 때려잡을 수 있도록 하나님께서 다윗을 지켜주셨다. 살아 계신 하나님의 군대를 모욕한 골리앗은 다윗에게 그런 짐승의 하나로 보였을 뿐이다. 다윗에게는 이런 하나님의 마인드가 있었다.

열두 명의 정탐꾼은 모두 정확히 봤다. 아낙 자손은 장대하고 성읍은 견고했다. 집에서 교회까지의 거리가 50킬로미터이고 길이 비

뚫고 막히는 것도 사실이다. 그러니 나보고 어떻게 하라는 말이냐고 할 수 있다. 하지만 문제는 자기 중심에서 봤다는 것이다.

그러나 성경은 여호와의 중심을 이야기한다. 우리 안에 살아 계시는 하나님, 역사하시는 하나님은 어디 계신지를 묻는 것이다. 똑같은 문제를 나의 중심에서 보느냐 아니면 하나님 중심으로 보느냐에 따라 이렇게 다르다. 하나님의 중심으로 보라. 그러면 지금까지 내가 난공불락의 요새로만 본 여리고 성이 무너지는 역사를 볼 수 있을 것이다.

---

6 그 여인이 모압 지방에서 여호와께서 자기 백성을 돌보시사 그들에게 양식을 주셨다 함을 듣고 이에 두 며느리와 함께 일어나 모압 지방에서 돌아오려 하여

룻기 1:6

신앙의 방향 수정 이론

"하나님은 왕이다", "하나님의 기쁨"이라는 고백을 가진 엘리멜렉과 나오미가 하나님을 떠나 모압으로 가서 모든 것을 상실하고 말았다. 이때 나오미가 하나님이 자기 백성을 돌보서서 고향 땅에 풍년이 들었다는 소식을 듣고 두 며느리와 함께 모압 지방에서 돌아오기 시작한다.

신앙은 방향성이다. 세례 요한의 일성(一聲)은 "회개하라 천국이 가까이 왔느니라"(마 3:2)였다. '회개'라는 헬라어의 정확한 뜻은 180도 방향을 바꾼다는 것이다. 회개와 후회의 차이가 무엇인가? 프랜시스 쉐퍼는 눈물 한 방울 없이도 할 수 있는 것이 회개라고 했다. 한 사람이 길을 간다. 가다가 잘못해서 운다. "내가 미친놈이지, 내가 잘못했지" 그러면서 대성통곡한다. 그러다가 일어나서 다시 그 길을 계속 간다. 이것을 '후회'라고 한다.

하지만 회개는 다르다. 회개란, 자기 잘못을 깨닫고 방향을 바꾸는 것이다. 어제 도둑질 한 사람이 회개했다면 오늘 도둑질을 안 하는 것이다. 삶을 바꾸는 것이다. "내가 미친놈이지, 도둑질하는 이 손목을 잘라야 해" 그런 다음에도 그 손으로 도둑질을 또 하면 그것은 후회를 했을 뿐이다. 가롯 유다는 후회를 했고, 베드로는 회개를 했다. 방향성이 문제다.

죄는 성향과 방향성을 가진다. 하나님을 향한 방향성을 갖지 않는다면 어떤 일이 벌어질 것 같은가? 우리가 이 땅에서 먹고 자면서 똑같이 살아가는 것 같아도 우리는 분명히 알아야 한다. 우리의 방향성은 하나님께 향해 있어야 한다. 하나님을 떠나 하나님께 향하지 않는 우리의 방향이란 결국 바벨탑을 쌓고 자기 이름을 내는 것일 뿐이다. 신앙의 방향은 하나님께 맞춰져 있어야 한다.

6절에 "그 여인이 모압 지방에서 여호와께서 자기 백성을 돌보시사(권고하사, 개역한글 성경) 그들에게 양식을 주셨다 함을 듣고", 이

때 나오미는 하나님이 자신에게 베푸셨던 은혜를 떠올렸다. 나는 이 점이 우리 신앙의 회복에서도 매우 중요하다고 생각한다. 우리가 모압으로 가는 것은 우리의 체질이자 기질이다. 하나님이 이것을 아신다.

그러면 어떤 사람이 회복되기 시작할까? 바로 하나님이 자신에게 베푸신 은혜를 기억하는 사람이다. 성령은 생각나게 하는 영이시다. 그렇지만 성령이 기억나게 하려고 해도 우리에게 기억나게 할 것이 있어야 기억나게 하실 수 있다. 평소 우리가 말씀을 공부하고 기도하고 예배드리며 신앙생활 했던 것이 우리의 신앙이 약화되었을 때 성령께서 주님의 은혜를 생각나게 하시는 전환점으로 사용될 수도 있다.

'아, 하나님이 자신의 백성을 버리지 않고 위로해주셨구나!'

나오미가 이 소식을 듣고 자신이 이전에 입었던 하나님의 사랑과 은혜를 다시 생각했다. 나오미가 비록 하나님을 떠나 있었지만 하나님께 받은 은혜를 다시 기억하고 방향성을 바꾼 것이 나오미가 복을 받는 이유다. 이렇게 방향을 바꾼 데서부터 역사가 시작된다. 우리 삶의 방향성을 바꾸어야 한다. 하나님 쪽으로 방향성을 바꿀 때, 하나님께서 우리에게 복 주실 수 있는 이유가 생기는 것이다.

나는 우리 교회에서도 설교 시간에 험한 소리를 서슴없이 잘하는 편이다. 한번은 이렇게 말했다.

"하나님이 여러분에게 왜 돈을 주는지 아십니까? 왜 사업이 잘되게 해주는지 아세요? 돈 안 주면 교회 안 나오니까! 사업 망하게 하면 하나님을 원망하고 안 나올 테니까 주는 거예요. 정신 차려요. 왜 건강을 주는지 아세요? 아프면 아프다고 하나님을 원망하잖아요. 알아요?"

별안간 분위기가 살벌해졌다.

"그럼 왜 가난하게 하시는 줄 아세요? 돈 주면 세상에 나가서 골프 치고 노니까 아예 돈을 뺏어버린 거죠. 왜 아픈지 아세요? 건강 주면 주일에 등산 다니니까 그래요."

그럼 대체 뭔가? 어느 한 사람 예외 없이 다 걸고넘어진 셈이다. 이때 나는 목청을 높여서 다시 한번 말한다.

"하나님이 왜 돈을 준 줄 아세요? 멋있게 하나님께 쓰라고, 돈이 내 인생의 목적이 아니라고, 그래서 돈을 준 거예요. 하나님이 왜 건강을 준 줄 알아요? 자신만을 위해 살지 말고 한번 멋지게 하나님을 위해 살고 약한 자를 도와줘보라고요. 왜 가난하게 하는 줄 알아요? 가난해도 내가 하나님을 섬기고 하나님을 따르는 데 아무렇지 않다고 고백하도록 가난도 줘보는 거예요. 왜 아픈지 알아요? 아파도 내가 주님을 찬양하고 주님 앞에 나와 예배드리는 데 괜찮다고 하는지 그것을 보시려고 주는 거예요."

결국 돈과 건강의 문제가 아니라 마음속에 하나님을 높이는 마음과 방향이 있느냐가 문제다. 설교할 때만 나를 본 사람은 내가 굉장히 건강한 줄 안다. 하지만 나는 말씀을 전할 때만 건강하다. 강단에서 내려가면 다시 자리에 드러눕는다. 그렇지만 하나님을 섬기고 살아가는 데 문제가 없다. 우리는 하나님께 방향을 맞춰야 한다.

"주님, 내가 잘 되든 못 되든, 하나님께서 주신 은혜를 기억하며 나는 하나님 쪽을 향해 갑니다."

이 고백을 하면서 하나님께 눈을 맞춰야 나를 향한 하나님의 눈도 볼 수 있다.

"그래! 나에게 방향을 두었느냐? 나의 인도함을 보게 될 것이다."

우리가 하나님 아닌 다른 쪽으로 향해 있다면 하나님께서 우리에게 복을 주신들 그것을 어떻게 알 수 있겠는가? 말이 안 된다. 나오미는 지금 하나님 쪽으로 방향을 맞췄다. 이제 망하는 역사에서 회복의 역사로 전환되기 시작한다. 혹시 어려움 가운데 있는 분이 있다면 당장 그 어려움만 해결해달라고 기도하지 말라. 그런 일은 하나님께 한방이면 끝난다. 어려움에 초점을 맞출 것이 아니라 하나님께 방향을 맞춰야 한다.

"이 어려움을 통해서 하나님을 더 알기 원합니다. 깨끗한 통로가 되기 원합니다."

그래야 하나님이 먼저 쓰신다. 하나님은 하나님 아는 자를 부끄럽게 하지 않으신다.

인생을 좌우하는 선택

사람은 무엇으로 사는가?

나오미가 두 며느리와 함께 유다 땅으로 돌아오는 길이었다. 며느리 오르바와 룻이 모압 땅을 같이 떠나왔다는 것이다. 흔히 오르바는 처음부터 따라오지 않았고 룻만 왔다고 생각하는데 그게 아니다.

10절에도 '우리는' 어머니와 함께 어머니의 백성에게로 돌아가겠다고 나온다.

7 있던 곳에서 나오고 두 며느리도 그와 함께 하여 유다 땅으로 돌아오려고 길을 가다가 8 나오미가 두 며느리에게 이르되 너희는 각기 너희 어머니의 집으로 돌아가라 너희가 죽은 자들과 나를 선대한 것 같이 여호와께서 너희를 선대하시기를 원하며 9 여호와께서 너희에게 허락하사 각기 남편의 집에서 위로를 받게 하시기를 원하노라 하고 그들에게

입 맞추매 그들이 소리를 높여 울며 ¹⁰나오미에게 이르되 아니니이다 우리는 어머니와 함께 어머니의 백성에게로 돌아가겠나이다 하는지라 ¹¹나오미가 이르되 내 딸들아 돌아가라 너희가 어찌 나와 함께 가려느냐 내 태중에 너희의 남편 될 아들들이 아직 있느냐 ¹²내 딸들아 되돌아가라 나는 늙었으니 남편을 두지 못할지라 가령 내가 소망이 있다고 말한다든지 오늘 밤에 남편을 두어 아들들을 낳는다 하더라도 ¹³너희가 어찌 그들이 자라기를 기다리겠으며 어찌 남편 없이 지내겠다고 결심하겠느냐 내 딸들아 그렇지 아니하니라 여호와의 손이 나를 치셨으므로 나는 너희로 말미암아 더욱 마음이 아프도다 하매   룻기 1:7-13

그때까지도 룻과 오르바가 같은 고백을 하고 있었다는 것을 알 수 있다. 오르바도 정숙한 여인이며 룻처럼 시어머니를 섬긴 여인이었다. 그러면 오르바의 입장이 언제 바뀌는가? 오르바는 시어머니 나오미가 말하는 세 가지 이유를 듣고 나서 자신이 나아갈 방향을 바꿨다.

나오미가 두 며느리 오르바와 룻에게 돌아가라고 말하는 이유 첫 번째는 12절, 자신은 남편을 두지 못한다는 것이다. 지금 나오미가 언급하는 것은 계대법(繼代法)이다. 계대법은 만일 형이 아들 없이 죽어버리면 동생이 형수와 결혼해서 낳은 자식으로 형의 가문을 잇게 하는 것이다. 그러나 나오미는 지금 남편도 없고 아들도 없다. 자신이 늙어 다시 결혼할 수 없고 따라서 장차 며느리들이 결혼할

아들을 낳기란 불가능하다는 것을 말한다.

둘째, 만일 나오미가 결혼해서 아들들을 낳는다 해도 그 아들들이 자라기를 언제까지 기다리겠느냐는 것이다. 어린 아들이 장성하면 오르바나 룻은 이미 늙는다. 그보다 더 중요한 것이 있다. 계대법이나 고엘 제도는 하나님께서 이스라엘에게 주신 법이지 이방인에게 준 법이 아니다. 비정상적인 결혼을 한 모압 여인 며느리에게는 이 법이 적용되지 않을 수도 있다. 이스라엘 사람들은 이방인을 개처럼 취급했다. 나오미는 장차 두 며느리가 유다 땅에서 어떤 대접을 받게 될지 이미 잘 알았다. 그러니까 돌아가라는 것이다.

셋째, 나오미는 여호와의 손이 자신을 치셨으니 너희는 돌아가라고 말한다. 나오미에게는 이것이 며느리들에게 돌아가라고 하는 가장 큰 이유이다. 하나님의 징계로 망하게 되었고 대가 끊어졌는데 이렇게 소망이 없는 자를 따라와봤자 너희에게도 소망이 없다, 고생만 기다리고 있을 것이라는 말이다.

오르바는 이 말을 듣고 돌아갔다. 사람은 소망이 있는 곳을 따라가게 되어 있다.

---

14 그들이 소리를 높여 다시 울더니 오르바는 그의 시어머니에게 입 맞추되 룻은 그를 붙좇았더라

룻기 1:14

주님을 좇는 방법

🌿 룻은 나오미를 그냥 좇아간 것이 아니다. 룻의 마음은 붙좇았다. 붙좇았다는 것은 이런 뜻이다.

"내 피부와 살이 뼈에 붙었고 남은 것은 겨우 잇몸뿐이로구나" (욥 19:20).

룻은 마치 뼈와 살이 딱 붙은 것처럼 나오미를 따라갔다. 우리가 흔히 성령충만하다고 하는데 그 뜻은 내가 성령을 좇는데 성령과 내가 딱 붙어 있는 상태라는 뜻이다. 다른 것이 끼어들 틈이 없다. 그러니까 시험이 없다. 시험은 떨어져 있는 만큼 들어오게 된다. 주님과 딱 붙어 있으면 시험 들 것이 없다.

베드로가 왜 예수님을 부인했는가? 베드로가 예수님을 멀찍이 따라갔고 그만큼 떨어져 있었기 때문이다. 무릇 십자가의 길은 바짝 좇아야 한다. 그래야 그 사이에 다른 것이 들어오지 않는다. 그 사이 간격이 벌어져서 보이는 게 많으니까 시험에 드는 것이다. 내가 내 아내와 딱 붙어 있으면 다른 여자에게 한눈팔 일이 없다. 내가 하나님을 원망한다, 시험이 든다고 하는 것은 내가 하나님과 딱 붙어 있지 않다는 뜻이다.

룻은 나오미를 그냥 좇은 것이 아니다. 룻은 붙좇았다. 그런데 우리는 그렇게 하나님을 좇지 않는다. 말씀을 그렇게 좇지 않는다. 무엇이 문제인가? 간격이 너무 넓다. 그래서 시험이 많다. 오늘의 한국 교회는 신천지와 같은 이단으로 몸살을 앓고 있다. 그러면 신천지가 왜 일어났는가? 교회는 불경을 가르치는 곳도, 공자를 모시는 곳도 아니다.

교회는 하나님을 섬긴다. 교회에서 하나님의 말씀인 성경을 안 가르치면 어디서 가르치겠는가? 그런데 교회가 성경을 가르치지 않으니까 이단이 성경을 가르친다고 설치는 것이 오늘 우리의 현실이다. 하나님이 다음 시대에 어떤 교회와 어떤 사람을 쓰신다면 그것은 주의 말씀을 생명처럼 사랑하는 자일 것이다.

주님을 붙좇아본 적이 있는가? 나는 청년 시절에 차비가 없어서 교회와 집을 두 시간씩 걸어다녀본 적이 있었다. 이유는 모르겠지만 가까운 교회로 옮기거나 교회를 떠날 생각은 하지 못하고 그냥 본 교회를 걸어서 다녔다. 원망도 하고 기도도 하면서 그렇게 걸어갔다. 불교 집안에서 태어난 내가 주께 받은 은혜가 하도 감사해서 교회를 섬기려고 걸어갔다. 나는 하나님께서 이런 자도 쓰신다는 것을 보여주는 룻과 같은 작은 자에 불과하다. 하지만 붙좇았다.

하나님께서 룻을 주목하신 이유가 있다. 복음의 진수(眞髓)도 모르는 저주받은 이방 여인이 하나님을 떠나지 않겠다고 고백한다. 자신이 죽는 일 외에 어머니를 떠나면 여호와께서 자신에게 벌을 내리시고 더 내리시기를 원한다고 말한다.

15나오미가 또 이르되 보라 네 동서는 그의 백성과 그의 신들에게로 돌아가나니 너도 너의 동서를 따라 돌아가라 하니 ¹⁶룻이 이르되 내게 어머니를 떠나며 어머니를 따르지 말고 돌아가라 강권하지 마옵소서 어머니께서 가시는 곳에 나도 가고 어머니께서 머무시는 곳에서 나도 머물겠나이다 어머니의 백성이 나의 백성이 되고 어머니의 하나님이 나의 하나님이 되시리니 ¹⁷어머니께서 죽으시는 곳에서 나도 죽어 거기 묻힐 것이라 만일 내가 죽는 일 외에 어머니를 떠나면 여호와께서 내게 벌을 내리시고 더 내리시기를 원하나이다 하는지라   룻기 1:15-17

신앙고백이 담긴 선택 그리고 결단

오르바는 나오미의 현명한 판단을 받아들여 돌아갔다. 이에 나오미가 룻에게 다시 한번 돌아가라고 말한다. 동서 오르바가 그의 백성과 그의 신(神)들에게 돌아갔듯이 룻도 오르바를 따라 돌아가라고 하는 것이다.

성경은 우상숭배를 하지 말라고 한다. 우상을 만들지 말라고 한다. 성경에 우상을 만들지 말라는 이유가 있다. 우상을 만든다는 것은 빌 소원이 있고 그 소원을 내가 이루겠다는 표현이다. 내가 어떤 것을 갖고 싶고, 그것을 이루고 싶고, 그것을 이루어줄 무언가가 필요해 우상을 만들어서 섬긴다는 것이다.

결국 그의 신이란 자기가 믿고 있는 것이다. 오르바가 그의 신들에게 돌아갔다는 것은 바로 모압 신, 자기가 더 의지하고, 자기 인생이 더 편하다고 믿는 그것을 좇아갔다는 것이다. 한마디로 자기가 좋아하는 것을 따라간 것이다. 그것이 선택이다. 우리는 자신의 선택으로 자기가 좇는 것이 무엇인지 증명하게 된다.

예수 믿는 데 술 한 잔, 담배 한 대가 문제가 되느냐고 묻는 사람이 있다. 술 담배가 하나의 문화이고, 성적 문란을 피하라는 얘기가 고리타분하게 들리는가? 자신에게 아무것도 아니라면 문제가 되지 않는다. 하지만 내가 그것을 선택했다면 그것은 내가 그것을 좇는다는 의미다. 실제로 자신이 즐거워하는 것이다. 그것을 문화라고 말하지 말라. 선택이란 자신이 누구를 좇는지 무엇을 결정하는지를 좌우한다.

오르바는 그의 백성과 그의 신들에게 돌아갔다. 오르바에게 문제가 있다고 말하는 것이 아니다. 오르바도 처음에 같이 돌아오려고 길을 나섰고 같은 고백도 했다. 그러나 오르바는 돌아갔다. 그것은 결정적으로 그가 여호와를 좇은 것이 아니라고 말하는 것이다.

그러나 16절과 17절에 룻의 고백은 다르다. 룻은 어머니의 백성이 나의 백성이며, 어머니의 하나님이 나의 하나님이라고 고백한다. 만일 죽는 일 외에 어머니를 떠나면 '여호와'께서 자신에게 벌을 내리시기 원한다고 말한다. 인간적인 문제를 말하는 것이 아니다. 룻은 하나님을 본 것이다.

세상 사람들은 다 살기 위해 떠난다. 엘리멜렉은 살기 위해 모압으로 갔고 오르바도 살고자 그의 백성과 그의 신들에게 돌아갔다. 그런데 룻은 죽는 일 외에 어머니를 떠나지 않겠다고 한다. 사실 이 고백은 모압 여인 룻이 아니라 이스라엘 백성과 하나님은 나의 왕이라고 믿는 엘리멜렉이 해야 하는 고백이다.

"나는 죽는 일 외에 하나님을 떠나지 않습니다. 죽어도 이 땅에서 죽습니다"라고 고백해야 할 백성은 살겠다고 그 땅을 떠났는데, 여호와의 총회에 들어오지 못하는 이 모압 여인이 하나님 앞에 죽고자 나아온다. 하나님이 그렇게 듣고 싶어 했던 고백이 모압 여인 룻을 통해서 나온 것이다. 그렇기 때문에 하나님도 이 여인을 주목하고 이 여인을 통해 일하기 시작하시는 것이다.

나오미가 이 고백을 알아봤다. 자신이 살겠다고 하나님을 떠나지 않겠다는 고백, 지금 어머니를 좇는 것은 편하고 잘되려고 하는 것이 아니라는 고백, "어머니의 하나님이 나의 하나님이며 죽는 일 외에 어머니를 떠나는 일이 없을 것이니 나로 가게 하소서" 하는 이 고백을 룻의 중요한 신앙고백으로 본 것이다.

우리가 하나님을 아는 걸까?

나는 아이들이 어렸을 때부터 아이들에게 시킬 만한 일은 모두 시키면서 키웠다. 재활용 쓰레기, 음식물 쓰레기 버리는 일은 초등학생 때부터 다 아이들에게 시켰다. 보통은 부모가 아이들이 열심히 공부하도록 아이들에게 아무것도 안 시키는데 우리 집은 좀 다르다.

한번은 큰아들이 이렇게 물었다.

"아빠, 왜 우리 집만 이렇게 해?"

"우리 집이니까."

"다른 집 아이들은 안 하는데?"

"그러면 남의 집에 가."

"왜 이렇게 해야 돼?"

"원래 자식은 이런 거 시키라고 있는 거야. 나는 넷 못 낳은 게 한이 돼. 억울하면 너도 네 자식 낳아서 시켜."

나는 얄짤없이 다 시킨다. 그런데 가끔가다가 아들 녀석이 안 할 때가 있다. 그럼 내가 물어본다.

"왜 안 했어?"

"알아."

잔소리라 이거다.

"알아. 알아."

"알아?"

"응, 알아."

"맞자!"

"왜?"

"안다면서?"

"어."

"모르면 아빠가 가르쳐주려고 그랬지. 그런데 안다면서? 알고 안한 거면 아빠한테 덤비는 거 아냐? 그러니까 맞아야지."

"아니, 몰라, 몰라!"

"맞자!"

"왜??"

"거짓말은 더 나빠, 이놈아."

그런데 내 아들이 아는 걸까?

또 다른 비유로, 예배를 마치고 나가자마자 첫 번째 가게에서 로또를 사면 백 억 당첨이 분명하다. 이 사실을 알았는데 안 살 사람이 있을까? 독이 든 음식을 먹고 죽게 되었는데 눈앞에 해독제가 있다. 먹으면 살 수 있는데 그 사실을 알고도 안 먹고 죽어버렸다. 그 사람이 정말 안 것일까? 아니다. 사람은 알면 행동하게 되어 있다. 몰라서 행동하지 않을 뿐이다.

더 나아가서 그 사람이 세상적인지, 영적인지 알 수 있는 방법도 있다. 청소할 때마다 여기저기 백만 원짜리 수표가 보인다면 청소하지 않을 사람이 없다. 서로 청소하겠다고 할 것이다. 돈이 보이기 때문이다. 돈을 보고 따라가는 것이 세상 사람이다. 세상 사람은 돈만 좇는다. 예배드릴 때마다 오백만 원씩 헌금하라면 할 수 있는가? 못 한다. 그러면 오백만 원 하는 가치 있는 것을 바치라면 어떻게 하겠는가? 나는 할 수 있다.

"내가 노래로 하나님의 이름을 찬송하며 감사함으로 하나님을 위대하시다 하리니 이것이 소 곧 뿔과 굽이 있는 황소를 드림보다 여호와를 더욱 기쁘시게 함이 될 것이라"(시 69:30,31).

황소를 드림보다 하나님의 이름을 찬양하는 노래를 더 기쁘게 받으시는 주님께 노래 세 곡 불러드리면 된다. 노래 세 곡에 황소 세 마리의 가치가 있다. 영적인 가치가 있다. 왜 찬양하는가? 왜 말씀을 듣는가? 예배 중에 임하시는 하나님을 아는가? 말씀을 사랑하는 자에게 복 주시는 하나님을 아는가? 우리가 알면 그렇게 못한다. 알면 하지 않고는 못 배긴다. 모르는 것이다.

실제로 우리는 영적인 법, 말씀의 법을 모른다. 믿음이 좋다는 것은 다른 게 아니다. 하나님 안에 진정한 복이 있고, 말씀 안에 복이 있는 것을 아는 것이다. 알기 때문에 그 소망을 좇는 것이다. 하나님을 좇아갔더니 지옥에 갔다면 그것은 하나님을 좇은 게 아니라 마귀를 좇은 것이다.

오르바는 인간적인 며느리의 마음과 인본주의로는 시어머니를 좇아갔다. 그러나 거기에 소망이 없음을 정확하게 듣고 나서 돌아간다. 사람은 자기가 믿는 자를 따른다. 그러나 룻은 나오미를 붙좇았다.

믿음은 자기 확신이 아니다

기독교의 믿음은 자기 확신이 아니다. 남편이 와이셔츠에 빨간 립스틱 자국이 묻은 채 들어왔다. 남편이 모르는 일이라고 하자 아내도 별반 의심하지 않고 남편을 믿었다. 그런데 아는 사람으로부터 남편이 어떤 여자와 팔짱을 끼고 걸어가는 것을 봤다는 전화를 받는다면? 뒤이어서 두 사람이 호텔로 들어가는 장면을 사진으로 찍어서 보내줬다면 아내가 남편을 믿을 수 있을까?

어느 교회에서 한 권사님께 같은 질문을 드렸다. 그러자 권사님은 옷에 립스틱 자국이 묻어 있어도 남편을 믿는다고 했다. 다른 여자와 팔짱을 끼고 호텔에 들어가는 것을 본 사람이 사진을 찍어서 보내줘도 남편을 믿는다고 한다. 남편이 다른 여자와 한 방에서 벌거벗고 있는데도 믿는단다. 급기야 남편이 모르는 애를 안고 와서 자신의 애라고 해도, 남편이 이혼하자고 그러고 다른 여자와 야반도주를 해도 남편을 믿겠느냐고 했더니 그제야 부들부들 떨면서 대답했다.

"안 믿어요."

믿는다고 말한다고 그것이 다 믿음이라고 생각하는가? 믿음이 자기 확신인가? 기독교의 믿음은 자기 확신이 아니다. 자기를 근거로 하는 것이 아니다.

어느 날 아들이 전화를 했다.

"아빠!"

"응?"

"빵 사다주세요."

"알았어!"

"믿어요!"

"응."

그런데 1분 있다가 전화가 다시 왔다.

"아빠!"

"응?"

"빵 사다주세요."

"알았어!"

"믿어요!"

"응."

이러기를 수차례 계속한다면 아들이 아빠를 믿는 걸까? 아니다. 우리가 "믿습니다, 믿습니다, 믿습니다, 믿습니다" 하면 믿는 것인가? 진짜 믿는데 그렇게 하는가? 아니다. 믿는 사람은 그렇게 하지 않는다. 진짜 믿으면 한 번이면 끝난다.

왜냐하면 알기 때문이다.

우리가 믿는다는 것은 알아야 믿는 것이다. 믿어서 아는 것이 아니다. 우리는 하나님이 어떤 분이신지 알아야 믿을 수 있고 아니까 믿는다. 우리는 하나님을 알아야 믿음이 자란다. 대상을 알아야 한다. 하나님의 말씀을 알아야 믿음이 자라지 그렇지 않으면 절대 못 자란다. 말씀을 아는 양이 얼마나 중요한지 모른다. 그래서 우리는 말씀을 공부해야 한다.

제일 편한 신자가 어떤 신자인지 아는가? 기도 안 하면 편하다. 말씀 안 보면 진짜 편하다. 기도해보라. 불편하다. 오늘 낮에 혈기를 부렸거나 싸웠는데 밤에 기도의 자리에 나가보라. 불편하다. 왜냐하면 기도할 때 하나님께서 그 문제를 다루시기 때문이다. 우리는 죄인이기 때문에 말씀을 들으면 부담을 느끼는 것이 정상이다. 하지만 부담스러워도 말씀을 들어야 한다. 그 이유는 안 들으면 자라지 못하기 때문이다.

우리가 처음 예수님을 믿을 때 믿음의 출발이 다 온전했던 것은 아니다. 처음에는 각자 변두리에서 믿기 시작한다. 수련회에 가서 처음 예수님을 만나고, 방언을 통해서, 찬양을 통해서, 하나님을 깊이 체험했다고 하자. 그 사람에게는 그것이 신앙을 처음 출발하는 접점이자 하나님의 은혜를 체험하는 하나의 통로가 될 수 있다. 하지만 신앙은 거기에 머물러 있어서는 안 된다. 신앙이란 하나님께 가까이 가야 성숙해진다. 신앙이 자라지 않고 처음 받은 은혜에 머물러 있으면서 그것이 다라고 아는 것이 가장 위험한 신앙이다.

우리가 처음 예수를 믿는다고 해도 전부 100퍼센트 신앙 안에 있는 것이 아니다. 진리도 있지만 아직까지 그 삶 속에 세상적인 것도 남아 있다. 반은 진실이고 반은 거짓인 신앙이 가장 어려운 신앙이다. 이것이 점점 하나님 안으로 가까이 가는 신앙이 좋은 신앙이다. 거짓이 사라지고 진리 쪽으로 점점 가는 것, 신앙은 이렇게 자라난다.

이단(異端)이 뭔가? 이단이란 끝이 다르다는 말이다. 불교라면 차라리 헷갈리지 않는다. 이단은 끝이 다른 것으로 이단에도 일부 진실이 있다. 그래서 우리가 이단을 만나면 헷갈려 한다. 신앙이 자라지 않는 사람은 이렇게 말한다.

"그럼 내가 체험한 게 틀렸단 말이에요?"

그러면 나는 틀린 게 아니라 그것이 중심이 아니라는 점을 분명히 말해준다. 자신이 체험한 것, 자기 중심을 붙잡고 있으면 그 틈으로 거짓된 것이 들어오고 그것이 문제가 된다. 그렇기 때문에 신앙이 자라려면 말씀과 진리 가운데로 가야 한다. 왜 말씀을 배우는가? 말씀을 접하면 우리 안에서 나의 옛 사람의 행위가 드러나고, 내가 하나님 앞에 버려야 하는 것들이 나타나기 때문이다.

좋은 신앙이란, 사람끼리 좋은 것이 아니라 하나님의 진리를 분명히 알고 그 진리 안에 들어간 신앙이다. 그렇기 때문에 말씀을 배워야 하고, 말씀 안에 들어가야 한다. 그러면 하나님을 알게 되고 반응하게 된다. 우리가 하나님을 알고 반응할 때 하나님은 우리와 교제하기 시작하신다.

하나님이 주시는 비전의 크기

"여호와께서 이르시되 내가 하려는 것을 아브라함에게 숨기겠느냐"(창 18:17).

하나님이 아브라함에게 직접 나타나서서 소돔과 고모라에 행하실 일들을 숨기지 않고 말씀해주시는 장면이다.

청년들이 가끔 내게 "하나님께 비전을 달라고 기도하고 있다"라고 말한다. 그러면 나는 그렇게 기도하지 말라고 한다. 오죽하면 하나님께서 비전을 안 주시겠냐고 한다. 하나님도 비전을 주고 싶으시다. 그런데 하나님이 비전을 주시면 할 수 있느냐 그것이 중요하다.

한번은 고3 학생이 내게 전화를 했다. 상담의 요지는 인생의 목적과 비전이 뭔지 모르니까 공부를 못하겠다는 것이다. 얘기가 끝나기가 무섭게 내가 그 학생에게 말했다.

"하나님이 지금 내게 너의 비전을 말씀하셨다. 방금 계시의 말씀이 왔다."

"어? 목사님한테요?"

"그래. 너의 비전? 내가 받았다!"

"뭔데요? 목사님?"

"공부해, 이놈아."

전화 온 시점이 고3 초다.

"너, 서울대 법대 갈 수 있어?"

"못 가요….'

"연세대는?"

"못 가요…. 못 가요….'

이런 실력으로는 하나님이 이것 하라고 하셔도 못하고, 저것 하라고 하셔도 못한다. 그렇다고 지금의 실력으로 겨우 할 수 있는 것을 하는 것, 그것이 비전인가? 그게 아니다. 고3 학생이라면 죽어라 공부해서 자신이 할 수 있는 데까지 점수를 올린 다음 "하나님, 제가 할 수 있는 것이 여기까지입니다. 최선을 다했습니다. 이제 말씀하십시오"라고 해야 한다.

하나님이 아브라함에게 나타나셨다. 하나님도 나누고 싶고, 세우고 싶으시다. 문제는 우리에게 사용할 수 있는 '진리'와 헌신할 수 있는 '믿음'이 있느냐는 것이다. 그것이 채워졌을 때 우리는 하나님과 같이 교제할 수 있다. 그렇기 때문에 우리가 말씀 안에 거하며 말씀을 배우는 것이다.

우리가 말씀을 아는 분량은 곧 하나님을 아는 크기가 되고, 하나님이 우리를 사용하시는 양이 될 것이다.

과녁을 빗나간 화살

우리말로 번역된 성경은 원어성경의 깊이 있는 의미까지는 전달하지 못하는 경우가 많다. 14절에, "오르바는 그의 시어머니에게 입 맞추되"라고 했는데 히브리어 원어를 보면 동사가 먼저 나와 있다. 히브리어는 어순상 입 맞추었다는 오르바의 행동이 먼저 강조된다.

오르바는 시어머니 나오미의 말을 듣는 순간 나오미를 따라가서는 안 되겠다고 결심한다. 결정하고 선택했다면 행동은 그냥 나오게 되어 있다. 사람은 선택하지 못할 때 방황하는 것이다. 더 이상 고민하지 않게 된 오르바는 나오미에게 입 맞추었다.

"그러므로 내일 일을 위하여 염려하지 말라"(마 6:34).

이때 '염려'라는 단어의 헬라어 원뜻은 "두 군데를 바라보다"라는 것이다. 예를 들어서 자신이 결혼하고 싶은 여자가 둘이라면 이 여자랑 결혼할지, 저 여자랑 결혼할지 염려하게 된다. 그렇지만 내가 한 여자에게로 마음이 정해져 있다면 열 여자가 와도 염려하지 않는다. 사람은 두 군데를 바라볼 때 갈등한다.

사탄이 어떻게 시험하는지 아는가? 시험에 드는 사람은 다 이유가 있다. 죄는 방향성의 문제다. 죄의 정확한 뜻은 "과녁을 빗나갔다, 벗어났다"이다. 하나님께 가지 않고 다른 곳으로 가는 것이 죄다. 사탄이 우리를 죄로 끌고 가려고 할 때 쓰는 방법은 말씀 옆에 또 다른 과녁을 갖다놓는 것이다.

"선악을 알게 하는 나무의 열매는 먹지 말라 네가 먹는 날에는 반드시 죽으리라 하시니라"(창 2:17).

선악을 알게 하는 나무의 열매를 먹으면 "반드시 죽어!"라는 분명한 하나님의 말씀 옆에 "진짜 죽어?" 이렇게 다른 과녁을 갖다놓는다. 그러면 두 군데를 바라보다가 염려하기 시작한다. 초점이 헷갈리기 때문이다. 그렇지만 이때에도 말씀 안에 분명히 거하는 사람은 흔들리지 않는다.

나는 이 성경을 볼 때마다 안타깝다. 뱀이 하와에게 "선악과를 먹으면 눈이 밝아져서 하나님과 같이 된다"라고 말할 때, 하와가 뱀에게 "아냐. 선악과를 먹으면 반드시 죽는다고 하셨어"라고 뱀의 제안을 일언지하에 거절했어야만 했다. 그렇게 정확히 말했으면 괜찮은데 다른 초점을 바라보게 되자 하와의 눈에 그 나무의 열매가 먹음직하고 보암직하고 탐스럽게 보여 결국 과녁을 빗나가게 된 것이다.

그러나 오르바에게는 이 상황이 더 이상 갈등 상황이 아니다. 이미 결정한 상태라는 것을 나타낸다. 오르바는 나오미를 따라가지 않겠다고 결정했다. 그러면 룻은 무엇을 결정했나? 룻은 나오미를 붙좇겠다고 결정했다. 한 번의 선택이 얼마나 중요한지 모른다.

고속도로에서 길을 잘못 간 적이 있다. 빠져 나오지 못하고 계속 가느라 몇 시간을 지체했는지 모른다. 직진해서 계속 가다보니 정말이지 차에서 내려 반대 차선으로 차를 던진 다음 거꾸로 타고 오고 싶은 충동이 치밀어 올랐다. 길을 한 번 잘못 접어들었을 뿐인데도 결과가 이렇다.

하지만 인생의 어떤 선택은 치명적일 때가 있다. 오르바의 선택이 그렇다. 오르바는 나쁜 여자가 아니다. 시어머니를 섬길 줄 아는 심성을 지녔다. 하지만 성경은 그가 가진 착한 심성을 이야기하는 것이 아니라 결국 오르바가 자신의 백성과 자신의 신들을 선택했다고 기록한다.

오르바가 살고자 한 선택은 자신의 백성과 자신의 신들에게로 돌아가는 것이었다. 그런 오르바에게도 한 번의 선택으로 예수님의 족보에 들어갈 수 있는 기회가 있었다. 하지만 오르바는 자신의 선택으로 하나님이 주목하시는 여인이 될 수 있는 기회를 놓쳤다. 이 여인은 이것을 끝으로 성경에서 사라진다.

영향력을 사용하시는 하나님

선택은 그만큼 중요하다. 우리의 선택이 인생을 좌우할 때가 있다. 어느 때는 그 선택이 나와 내 가문과 내 자녀의 영적인 흐름을 잡아줄 수도 있다. 반면 내 잘못된 선택도 나 하나뿐 아니라 내 주변에 영향력을 끼친다. 사람은 영향력을 끼치는 존재다. 내가 싫든 좋든 인간 존재 자체는 영향력을 끼친다. 그 영향력이 영적인 선한 영향력인가, 나쁜 영향력인가 그것밖에 없다. 우리 하나님은 하나님을 바라보게 하는 영적인 선한 영향력을 기뻐 사용하신다.

나는 우리 교회는 물론 이 시대의 청소년들에게 술 담배를 하지 말라고 담대히 외친다. 왜냐하면 영향력 때문이다. 나는 청년 때 담배를 두 갑 핀 사람이다. 눈을 감고 담배를 코에 딱 대면, 피지 않아도 향을 알고 솔, 한산도, 청자, 은하수…. 다 맞췄다. 아침에 한 갑, 저녁에 한 갑을 사서 하루에 담배 두 갑을 피웠다.

그런데 놀랍게도 하나님께서 술은 못 마시게 하셨다. 처음 막걸리 한 잔 먹고 가다가 길에서 90도로 기절해버렸다. 지금도 빈속에 성찬을 하고 설교하면 예수님의 피가 얼마나 나를 감당 못하게 하시는지 혀가 꼬일 지경이다. 나는 청년들에게 새벽 이슬 같은 청년이 '참이슬'에 젖으면 안 된다고 한다. 구세주를 따라야 할 사람이 '백세주'를 좇으면 안 된다. 농담 삼아 하는 말 같아도 이 주(主)와 저 주(酒)는 같이 갈 수 없다.

내가 예수님을 믿고 가장 행복하고 가장 감격하는 것이 있다. 주님의 이름으로 내 자식들을 축복하는 권리를 가졌다는 것이다. 나는 아들들을 위해 잠자리에서 항상 기도하고 축복한다.

"하나님이 우리 하람이를 '굉장히' 사랑하신단다. 엄마, 아빠도 사랑해."

엄마 아빠도 너희들을 사랑하지만 하나님은 엄마 아빠가 사랑하는 것보다 더 많이 너희들을 사랑하신다고 말해준다. 술 취하지 않으며 온전한 정신으로 가족들과 함께하고 기도하고 축복하는 삶만으로도 나는 복된 사람이다.

가끔 청년 중에 술 취하지 말라고 했으니까 취하지만 않으면 되지 않느냐고 하는 사람이 있다. 자신은 술을 감당할 수 있다고, 안 취할 자신이 있다고 말하는 것인가? 그럴 수 있을지도 모른다. 하지만 단 한 번의 실수가 인생을 날려버리기도 한다는 사실을 잊지 말아야 한다.

그렇게 말하는 청년에게 내가 하는 말이 있다.

"그래. 그럼 너, 노아보다 신앙 좋아?"

"아니요."

당연히 안 좋다는 답이 돌아온다. 누가 감히 인류를 구한 노아보다 신앙이 좋다고 말하겠는가?

"그런 노아도 육백 세가 넘어서 실수했어. 포도주를 마시고 취해 벌거벗고 누워 있다가 그것을 본 함이 죄를 짓게 됐잖아. 그러니까 넌 육백오십 세가 넘으면 술 먹어. 됐지?"

또 성경에 담배가 어디 나오느냐고 말하는 청년을 보면 정말 답답하다. 그 많은 성경을 보면서 '담배'라는 말이 나오는지 안 나오는지 찾았다는 말인가? 하나님께서 성경에 "내가 거룩하니 너희도 거룩하라"고 거듭거듭 말씀하신 것은 보지 못했는가?

"우리가 다 하나님의 아들을 믿는 것과 아는 일에 하나가 되어 온전한 사람을 이루어 그리스도의 장성한 분량이 충만한 데까지 이르리니"(엡 4:13).

"평강의 하나님이 친히 너희를 온전히 거룩하게 하시고 또 너희의 온 영과 혼과 몸이 우리 주 예수 그리스도께서 강림하실 때에 흠 없게 보전되기를 원하노라"(살전 5:23).

주님이 '거룩'에 대해 얼마나 많이 외치신지 아는가? 물론 거룩이 하루아침에 이루어지는 것은 아니다. 우리 교인 중에도 담배 피우고 술 마시는 분들이 있다. 하지만 적어도 하지 말아야 한다는 것은 알고 있다.

학생이 공부를 하는데 공부가 안 된다. 하기 싫다. 하지만 해야 한다는 것을 아는 것과 하기 싫은 공부를 꼭 해야 되느냐고 대드는 것은 전혀 다른 선택의 논리이다. 전자는 인정하는 것이고, 후자는 합리화시키는 것이다. 지금 내가 안 되는 것은 하나님이 도와주시지만 자신을 정당화하는 논리는 하나님도 책임져주시지 않는다.

어느 날 아는 집사님 한 분이 내게 이렇게 말했다.

"목사님, 저 요즘 많이 성화됐어요!"

"어떻게요?"

"소주에서 맥주로 바꿨고, 맥주도 이제 와인으로 바꿨어요."

"잘하셨어요. 다른 분들에게 걸리지 마시고 계속 성화되셔서 완전히 끊으세요!"

우리에게는 모두 연약한 부분이 있다. 그러나 신앙은 더 덕스럽

고 좋은 영향력을 끼칠 수 있도록 자라는 싸움을 해야 한다. 세상적
으로 흘러가는 것이 아니라 하나님의 말씀과 은혜로 흐르는 분위
기가 있어야 한다.

지금 나는 부족하고 거룩해지기까지 시간이 더 필요하지만 주님
쪽을 바라보겠다는 고백이 있고 은혜가 있어야 한다.

고백하며 돌아오는 신앙

사탄이 당신을 시험할 수 없는 방법

나는 담배 끊기를 두 번 실패했다. 물론 담배를 피우게 된 원인이 되는 애초의 사건이 있었다. 지금도 그 사건의 전말을 다 간증할 수는 없지만 나는 그 사건으로 "하나님은 안 계셔. 하나님이 계신다면 이럴 수는 없어"라고 선언했다. 그 끔찍했던 사건에 대한 분노 때문에 담배를 피웠고 넉 달 동안 교회에도 나가지 않았다. 하지만 하나님은 살아 계셨다. 문제는 하나님이 계신다는 것을 깨달은 것과 담배에 인 박임이 동시에 일어났다는 것이다.

한 번 인 박인 담배는 정말 끊기가 힘들었다. 처음 담배 끊기를 시도하고 석 달 정도 버티다가 결국 다시 피게 되었다. 그 다음 한 번 더 다시 1년 반 동안 담배를 끊었다. 하지만 집안에 또 한 번 큰 일이 터지자 나는 다시 담배를 피우게 됐다. 사람은 자기가 하던 짓으로 다시 돌아간다. 은혜가 떨어지면 돌아가게 된다. 그래서 알았다. 예수님이 돌아가신 다음 왜 베드로와 제자들이 다시 고기 잡으러 갔는지를….

영적 전투에서 사탄이 우리를 시험할 수 없는 명백한 방법이 있다. 흔히 시험에 많이 드는 사람과 시험에 적게 드는 사람이 있는데, 시험에 많이 들고 적게 드는 데는 다 이유가 있다. 내가 세상에서 가장 맛있게 먹은 음식이 '까르아'다. 먹어본 사람이 있는가? 아마 아무도 먹어보지 못했을 것이다. 왜냐하면 그런 음식은 애당초 없고 그 이름은 내가 지어낸 것이기 때문이다.

사탄이 내 귀에 대고 아무리 '까르아'라고 외쳐도 나는 그것으로 시험에 들지 않는다. 그렇다. 내가 경험해보지 않은 것, 내 머릿속에 없는 것으로는 사탄이 나를 시험할 수 없다. 사탄은 내가 마음에 품은 것, 내가 맛들인 것, 내가 경험해본 것으로 나를 시험한다.

주말에 신나게 운동하고 사우나라도 한바탕 하고 나면 뭐가 생각나는가? 시원한 생맥주 생각이 간절한가? 만일 이 땅에 생맥주가 없었다면 생각날 수 없다. 또 먹어봤기 때문에 생각나는 것이다. 이렇게 사탄은 결정적일 때 우리가 즐겼던 것을 이용한다. 그래서 우리가 함부로 세상 것을 즐겨서는 안 되는 것이다. 그때는 좋을지 몰라도 그것이 사탄의 리스트에 올라가 은혜가 떨어지는 결정적인 순간에 다 우리의 시험 제목이 되기 때문이다.

"나는 시험이 왜 이렇게 많은지 몰라", 이 말은 "왜 그렇게 많은 것들을 경험해보셨나요?"라는 반문을 가능하게 하는 말이다. 물론 말씀대로 산다고 해서 시험이 없다는 말은 아니다. 하지만 그것은 다른 시험이다. 나를 유혹할 만한 것은 이미 내 안에 있는 것들이다. 세상의 것들을 더 많이 경험하지 않았다면, 말씀대로 정직하게 살았다면 나에게 해로운 그런 종류의 시험은 더 적었을 것이다. 이런 시험이 적다는 것은 자신의 신앙이 자라나는 데 큰 도움이 된다.

그래서 경험이 무서운 거다. 그래서 하지 말라는 거다. 내가 담배를 피웠기 때문에 문제가 터지자 다시 담배로 간 것이다. 경험을 안 했으면 모를까 경험했기 때문에 문제와 사건을 만날 때 사탄이 그것을 건드리더라는 것이다.

그래서 나는 일 년 반 만에 다시 담배를 피우게 됐다.

담배가 끊어진 사건

담배를 끊어야 한다는 것은 알아도 스스로 끊을 수 있는 능력이 없는 내게 하나님께서 정말 특별한 계기를 마련해주셨다.

"남국아, 너, 나 믿니?"

"믿죠, 하나님."

"진짜 나 믿니?"

"믿어요, 하나님!"

"그러면 내가 너를 위해 준 성경 66권 봤니?"

그런데 생각해보니까 안 본 게 있었다. 레위기! 너무 어려워서 넘어가는 성경이다. 그러고 보니 성경을 정확히 일독(一讀) 한 것은 아니었다. 여기에 생각이 미치자 마치 하나님께서 "너 어떻게 한평생 성경 한 번을 안 보냐?"고 하실 것 같았고 그래서는 안 되겠다 싶었다.

하나님 앞에 섰을 때 변명의 여지가 없다. 변명은 해야겠다. 그래서 한 번은 보자고 결심했다. 제대로 한 번 보고 하나님이 "너, 성경 몇 번 봤냐?"고 물으시면 한 번이라고 대답하자, "어떻게 한 번 보냐?"고 하시면 "하나님, 창세기는 50번 봤어요. 레위기는 진짜 헷갈리더라고요. 한 번은 봤다니까요" 이렇게 변명할 마음을 먹고 그날부터 성경을 처음부터 다시 읽기 시작했다.

변명하기 위해서니까 처음부터 끝까지 제대로 봐야 한다. 그래서 창세기부터 봤다. 창세기는 이미 50번 봤기 때문에 잘 나갔다. 출애굽기도 진도가 잘 나갔다. 그런데 출애굽기 20장을 넘어가자 성막이 나오기 시작하는데 머리가 좀 아팠다.

그때부터 나는 담배와 동행했다. 심호흡하기에 담배만한 것이 없다. 성경 보고 담배 피우고 성경 보고 담배를 피웠다. 드디어 레위기에 다다르자 정말 미쳐버릴 것 같아서 진짜 막 읽었다. 그러자 성령께서 내 속에 이런 마음을 주셨다.

"그게 읽는 거냐? 날아가는 거지!"

'아, 내가 지금 변명하려고 읽는 거지. 안 되겠다. 또박또박 읽자.'

그렇게 레위기를 읽으면서 나는 담배를 무지하게 많이 피웠다. 성경을 읽다가 담배를 피우고 또 피우고 그러면서도 계속 성경을 읽었다. 그런데 시편을 읽을 때쯤, 눈물을 펑펑 흘리며 하루에 5시간씩 성경 50장을 읽었다. "주의 말씀의 맛이 내게 어찌 그리 단지요?" 고백하면서 어느 날 보니까 내가 한 달째 담배를 안 피우고 있다는 사실을 발견했다. 나는 그렇게 해서 담배를 끊었다.

못 해도 안 돼도 마음만은 먼저

하나님의 말씀이 얼마나 능력이 있는지 아는가? 하나님의 말씀은 지식이 아니다. 하나님의 말씀은 살았고 운동력이 있다. 죄나 중독을 끊고 나오라는 것이 아니다. 먼저 하나님의 말씀 앞에 나오라. 그리고 하나님이 어떻게 우리를 변화시키시는지, 내 삶과 가정과 기업을 어떻게 축복하시는지를 경험해보라.

"안 됩니다, 하나님. 그런데 하고 싶습니다!"

이것이 하나님께 드린 나의 고백이다. 비록 담배를 끊지 못했을 때에도 나는 교회 올 때나 수련회 기간에는 내가 담배 피우는 것을 들키지 않으려고 조심했다. 내가 다른 사람을 시험 들게 해서는 안 된다고 여겼기 때문이다. 하지만 결국 삶으로 돌아오면 어쩔 수 없이 또 담배를 피운다. 찔리니까, 남이 보면 안 되니까 숨어서 피운다. 그렇지만 내 속에는 '주님, 제가 이것보다는 더 좋은 영향력을 끼치고 싶어요'라는 마음과 고백이 있었다.

"너희 안에서 행하시는 이는 하나님이시니 자기의 기쁘신 뜻을 위하여 너희에게 소원을 두고 행하게 하시나니"(빌 2:13).

하나님께서는 나의 이 마음의 소원, 선택을 친히 다루어주셨고 그렇게 역사하셨다. 말씀을 들으면 갈등하게 된다. 선택해야 하기 때문이다. 그럴 때 지금 당장 안 되는 것을 선택하지 말라. 하나님 앞에 있는 그대로 자신의 마음만을 고백해보라.

"하나님, 하나님의 은혜를 더 체험하고 싶습니다."

일단 그것만 붙잡아라.

'난 가서 또 죄 지을 텐데….'

뻔한 걱정부터 할 게 아니라 숨어서 하라. 괜찮다. 단, 공개적으로 하지는 말라. 그것은 나쁘다. 교회는 거룩한 곳이다. 교회에서는 영적인 것을 드러내야 한다. 세상적인 것을 드러낸다면 그것은 이미 교회의 모임이 아니다.

하나님은 완전한 사람을 쓰시는 게 아니다. 하나님 앞에 그렇게 살고자 하는 마음이 있는 사람을 받으신다. 하나님 편을 택하느냐, 아니면 자기 편을 택하느냐의 선택이 중요하다. 오르바는 자신을 선택했고, 룻은 하나님 편을 선택했다. 오르바는 그 선택으로 성경에서 사라지는 자가 됐고, 룻은 하나님이 계속해서 기록하고 싶은 자가 됐다. 우리의 선택이 삶을 좌우하는 것이다.

16 룻이 이르되 내게 어머니를 떠나며 어머니를 따르지 말고 돌아가라 강권하지 마옵소서 어머니께서 가시는 곳에 나도 가고 어머니께서 '머무시는' 곳에서 나도 '머물겠나이다' 어머니의 백성이 나의 백성이 되고 어머니의 하나님이 나의 하나님이 되시리니 17 어머니께서 죽으시는 곳에서 나도 죽어 거기 묻힐 것이라 만일 내가 죽는 일 외에 어머니를 떠나면 여호와께서 내게 벌을 내리시고 더 내리시기를 원하나이다 하는지라

룻기 1:16,17

하나님이 진짜 듣고 싶어 하신 고백

룻은 어머니 나오미가 가는 곳에 자신도 가고 어머니가 머무는 곳에 자신도 머물겠다고 한다. 한글성경 개역개정판에는 "머물겠나이다"라고 나와 있지만 개역한글판에는 "어머니께서 유숙하시는 곳에서 나도 유숙하겠나이다"라고 되어 있다. 사실 이 번역이 더 좋다. 이 말은 불편한 상태로 지낼 각오를 한다는 의미이다. 망해서 고향으로 돌아가는 과부가 머무를 곳이 좋고 편할 리 없다. 오르바가 편한 삶을 찾아 떠났다면 룻은 불편하더라도 어머니를 좇겠다고 고백하는 것이다.

히브리어는 반복이 강조다. 16절에서 룻은 '어머니'를 수차례 반복해서 말하고 있다. "어머니의 백성이 나의 백성이 되고 어머니의

하나님이 나의 하나님이 되시리니"라는 룻의 고백으로 다시 한번 확인하게 되는 것은 룻이 시어머니 나오미를 좇는 명백한 이유이다. 어머니의 하나님이 나의 하나님이 되신다는 것이다. 이 고백이 누구의 고백을 잇고 있는지 아는가? 바로 라합의 고백이다.

"말하되 여호와께서 이 땅을 너희에게 주신 줄을 내가 아노라 우리가 너희를 심히 두려워하고 이 땅 주민들이 다 너희 앞에서 간담이 녹나니 이는 너희가 애굽에서 나올 때에 여호와께서 너희 앞에서 홍해 물을 마르게 하신 일과 너희가 요단 저쪽에 있는 아모리 사람의 두 왕 시혼과 옥에게 행한 일 곧 그들을 전멸시킨 일을 우리가 들었음이니라 우리가 듣자 곧 마음이 녹았고 너희로 말미암아 사람이 정신을 잃었나니 너희의 하나님 여호와는 위로는 하늘에서도 아래로는 땅에서도 하나님이시니라"(수 2:9-11).

라합은 하나님께서 이스라엘을 출애굽 시킬 때 홍해 물을 마르게 하신 사건과 요단 강 동쪽의 두 왕을 진멸시킨 사건을 들어서 알고 있었다. 소문만 듣고 하나님을 안 사람의 고백이 이 정도다.

"너희 하나님 여호와는 상천(上天) 하지(下地)에 하나님이시니라!"

그런데 그것을 직접 경험한 이스라엘 백성은 타락했다. 애굽에 내린 열 가지 재앙을 경험했고, 홍해가 갈라지는 기적을 경험했고, 광야에서는 반석에서 나온 물을 마셨고, 메추라기 고기로 배불린 그들도 타락했다.

반석에서 물이 어떻게 나왔다고 생각하는가? 애굽에서 나온 이스라엘 백성의 숫자는 대략 2백만 명 정도다. 하나님께서 광야에서 2백만 명에게 물을 주시는데 수도꼭지 200개를 설치했다고 생각해 보라. 아마 그 뙤약볕에 줄 서서 기다리다가 죽는 사람이 속출했을 것이다. 그런 것으로는 그 많은 사람들에게 물을 줄 수 없다. 턱없이 모자라다.

시편을 보면, 광야에서 반석을 깨뜨리셨다, 바위를 쪼개셨다는 표현이 나온다. '쩍' 소리가 나면서 반석이 갈라지자 폭포수처럼 물줄기가 솟구쳐 올라 2백만 명이 한꺼번에 달려들어 그 물을 마시고 씻고 몸을 담그는 놀라운 경험을 하게 하셨다는 것이다. 한마디로 사막이 강이 되는 역사를 이루신 것이다.

"낮에는 구름으로, 밤에는 불빛으로 인도하셨으며 광야에서 반석을 쪼개시고 매우 깊은 곳에서 나오는 물처럼 흡족하게 마시게 하셨으며 또 바위에서 시내를 내사 물이 강 같이 흐르게 하셨으나 그들은 계속해서 하나님께 범죄하여 메마른 땅에서 지존자를 배반하였도다"(시 78:14-17).

또 하나님께서 고기가 먹고 싶다고 우는 이스라엘 백성에게 메추라기를 내려주신 사건으로 말할 것 같으면, 저녁에 메추라기가 날아와서 진을 새까맣게 뒤덮어버렸다. 진영 사방으로 떨어진 메추라기가 땅 위에 약 1미터 정도 쌓이게 하셨다.

하나님께서 광야에서 그들을 어떻게 마시고 먹이셨는지 직접 경험한 자들도 하나님을 원망하다가 죽었는데 그 사건에 대해 듣기만

한 라합이 하나님을 경험한 자보다 더 놀라운 고백을 하고 있는 것이다. 하나님이 라합을 왜 택하셨는지 잘 알 수 있는 고백이다.

그렇다면 룻의 고백은 어떤가? 룻에게 복음을 전한 자가 누구인가? 모압으로 도망간 시아버지 엘리멜렉, 시어머니 나오미, 그리고 병약한 남편 말론이다. 그들이 복음을 제대로 전했겠는가? 지금으로 말하면 교회를 떠난 사람들이다. 하나님이 없는 것처럼 사는 사람들이었다. 살겠다고 도망간 사람들이 한 말이다. 가끔 믿음이 있던 시절을 추억하면서 하는 말을 들으며 룻이 하나님을 알아갔다는 말이다.

그런 룻이 나오미와 함께 그 땅으로 돌아오면서 하는 고백을 들어보라. 룻은 죽기 전에는 떠나지 않겠다고 고백한다. 하나님이 진짜 듣고 싶어 하신 고백이다. 영원히 여호와의 총회에 들어오지 못하는 이방 여인이 이스라엘 땅에서 하나님을 믿는 백성보다 더 놀라운 고백을 하고 있다. 그런데 어떻게 하나님이 이 여인을 주목하시지 않을 수 있겠는가.

하나님을 위해 살고자 하는 고백

중3인 둘째 아들이 어버이날이라고 페이스북에 글을 하나 올렸다.

어버이 주일이란다. 부모님이라…. 지금은 내가 절대 헤아릴 수 없는 위치이다. 사랑하고, 고맙고, 존경하는 분들이다. 글쎄 아무리 효도하는 사람이라도 그 위치가 되면 자신의 효도가 얼마나 얕은 것인지 깨닫게 되겠지. 그런 의미에서 부모님이 오래 사셨으면 한다. 나는 그렇게 착한 아들은 아니다. 착한 성격도 아니다. 하지만 후회하고 싶지 않다. 나쁘게 살고 싶지도 않다. 미래는 장담하지 못 하겠다. 효(孝)를 못하면 가슴 아프게 피해는 주지 말고, 내 갈 길은 걸어가 드려야지…. (후략)

내 아들이지만 얘는 말은 잘한다. 초등학교 때 글을 써도 대학생이 썼다고 할 만큼 잘 썼다. 초등학생에게 이다음에 커서 뭐가 되고 싶은지 쓰라고 하면 대개 대통령, 장군, 의사가 되겠다고 하고 그 이유를 쓴다. 하지만 이 아이는 구체적으로 뭐가 되고 싶다고 쓰지 않았다. 제목도 이런 식이다.

"꼭 무언가 되어야 하나?"

그러면서 헬렌 켈러에게 앤 설리번 선생님이 있었던 것처럼 내가 무엇이 되기보다 누군가를 세워주고 붙들어주는 그런 사람으로 살면 안 되느냐고 썼다. 멋있다. 하지만 정작 그렇게 살 실력은 아직 안 된다. 둘째는 하나님이 말과 글의 달란트를 주셨다. 그렇다고 공부를 열심히 하느냐 하면 그렇지 않은 것 같다. 앤 설리번 선생님이 마음만으로 그냥 되는 것은 아니다. 그만한 실력이 되려면 노력하고 준비해야 하는데 나를 닮아서 얍삽한 머리만 잘 돌아간다.

그렇지만 나는 아들의 글을 읽고 기뻤다. 내가 하나님께 드린 기도와 아들의 고백이 같았기 때문이다. 하나님 앞에 어떻게 떳떳한 사람이 있겠느냐마는 나는 나를 목사로 불러주신 하나님께 감사하고 또 부끄럽다. 부끄러운 나의 기도는 이 한 가지다.

"세상을 변화시키지는 못해도 타락하지 않은 목사로 살다가 은퇴하고 싶습니다. 하나님이 목사로 불러주셨는데 영광은 못 돌려드릴지언정 주님을 욕 먹이지 않고 순종하며 살았으면 좋겠습니다."

그런데 내 아들이 "효는 못해도 내 갈 길은 가줘야지…" 하는데, 아버지로서 내 마음이 기뻤다. 어떤 선물을 주거나 공부를 잘하는 게 아니라도 부모에 대한 마음이 있는 것, 그 마음이 기쁜 것이다. 그러면서 내 안에서 감사가 올라왔다. 내가 그렇게 대단하게 못 살아도 내 마음속에 "하나님, 그래도 하나님을 위해 살고 싶습니다"라는 고백이 있으면 하나님이 그것을 기뻐하신다는 것을 깨달았다.

"아, 하나님이 우리의 부족함을 아시는구나. 우리가 넘어지는 것, 어떨 때 시기하고 어떨 때 욕심 부리는지 우리의 약한 부분을 하나님이 다 아시는구나. 약한 것을 알고 부르셨구나!"

그렇지만 하나님이 우리에게 보시는 것이 있다. 우리의 약함을 알고 부르신 하나님께서 우리 마음속에 고백이 있는지는 보신다. 연약해서 온전히 그렇게 살지 못해도 사랑한다는 고백, 믿음의 사람으로 살려는 고백이 있는지는 보신다. 이 고백이 없다면 그 다음으로 나아갈 수 없기 때문이다.

18 나오미가 룻이 자기와 함께 가기로 굳게 결심함을 보고 그에게 말하기를 그치니라 19 이에 그 두 사람이 베들레헴까지 갔더라 베들레헴에 이를 때에 온 성읍이 그들로 말미암아 떠들며 이르기를 이이가 나오미냐 하는지라 20 나오미가 그들에게 이르되 나를 나오미라 부르지 말고 나를 마라라 부르라 이는 전능자가 나를 심히 괴롭게 하셨음이니라 21 내가 풍족하게 나갔더니 여호와께서 내게 비어 돌아오게 하셨느니라 여호와께서 나를 징벌하셨고 전능자가 나를 괴롭게 하셨거늘 너희가 어찌 나를 나오미라 부르느냐 하니라

룻기 1:18-21

나를 마라라 부르라

룻의 결심이 굳은 것을 깨닫자 나오미도 더 이상 룻을 말리지 못했다.

"이에 그 두 사람이 베들레헴까지 갔더라 베들레헴에 이를 때에…"(룻 1:19).

베들레헴에 이르렀다는 표현을 직역하면 "베들레헴에 돌아오기까지 걸었다"라는 뜻이다. 하나님을 떠나 모압 땅으로 가서 비정상적인 방법으로 결혼하고 거기서 안주하여 편안히 살다가 병약하고

쇠약해져서 다 죽고 남은 나오미와 룻이다.

망해서 돌아오는 사람이 마차 타고 왔을 리 없고, 베들레헴에서 사해를 돌아 정반대 편 모압으로 도망쳤던 것과 마찬가지로 나오미와 룻은 그 길을 터벅터벅 걸어서 돌아왔다. 나오미와 룻, 두 사람이 여인의 몸으로 그 광야 길을 걸어 베들레헴에 도착했을 때 얼마나 초췌했을까?

처음 베들레헴을 떠나 모압으로 갈 때 같이 나간 남편도 두 아들도 없다. 쫄딱 망한 뒤 이방 며느리 하나만 데리고 돌아오는 길이다. 20절에 보면 나오미가 자신을 '나오미'(희락, 즐거움)가 아니라 '마라'(쓰다)라 부르라고 하는 장면이 나온다. 왜냐하면 자신이 하나님으로부터 버림을 받았기 때문이라고 한다.

성경에서 이름을 말할 때는 단순히 부르는 데서 그치지 않는다. 이름이야말로 그 사람의 본질을 나타내는 것이다. 나오미가 자신을 "쓴"과 "고통"이라는 뜻의 '마라'라 부르라고 한 것은 하나님을 떠난 자신의 죄악의 결과를 고백하는 것이다.

"내가 풍족하게 나갔더니 여호와께서 내게 비어 돌아오게 하셨느니라 여호와께서 나를 징벌하셨고 전능자가 나를 괴롭게 하셨거늘 너희가 어찌 나를 나오미라 부르느냐 하니라"(룻 1:21).

쓴 물이다. 희망도 가능성도 없다. 엘리멜렉과 나오미가 모압 지방으로 갈 때는 나름대로 풍족하게 가지고 갔다. 하지만 결국 재물과 남편, 자식마저 모두 잃고 겨우 이방 며느리 한 명과 걸어서 고향으로 돌아온 것이다. 어떨 때는 성도들조차 세상의 재물과 능력이 있으면 잘 살 거라고 착각한다. 그러나 하나님을 잃으면 모든 것을 잃는 것이다.

가지는 나무를 떠나서 살 수 없다. 가끔 꽃다발을 선물로 받을 때가 있다. 집에 가져다가 꽃병에 꽂아 놓으면 예쁘기는 하지만 얼마 지나지 않아 말라버린다. 뿌리가 없는 꽃은 보기에 살아 있는 것 같아도 사실 죽어가고 있는 것이다.

마치 선악과를 먹고 타락한 사람들의 운명과도 비슷하다. 하나님을 떠난 인류는 이 땅에서 살아 있는 것 같지만 결국 주님을 만나지 못하면 죽을 수밖에 없다. 가지가 나무에 붙어 있어야 살아 있듯이 우리는 하나님 안에서만 생명을 누릴 수 있다. 잠시 재물과 능력을 가졌다고 내가 잘 살고 있다고 착각해서는 안 된다.

높이시는 인생

복음서에 보면 많은 여인들의 이름 중에 '마리아'가 있다. 예수님이 오셨을 당시에 이스라엘에서 흔한 이름 중에 하나다. 그런데 이 '마리아'라는 여인이 성경에 대거 등장할 때가 있다. 바로 예수님의 십자가와 부활 사건을 전후로 '마리아'라는 이름의 여인들이 나타난다.

"예수의 십자가 곁에는 그 어머니와 이모와 글로바의 아내 마리아와 막달라 마리아가 섰는지라"(요 19:25).

심지어 정확히 모르는 '다른 마리아'라 불린 여자까지 기록되어 있다.

"거기 막달라 마리아와 다른 마리아가 무덤을 향하여 앉았더라"(마 27:61).

그러면 예수님이 부활하신 아침에 왜 막달라 마리아가 등장하는가?

"안식일이 다 지나고 안식 후 첫날이 되려는 새벽에 막달라 마리아와 다른 마리아가 무덤을 보려고 갔더니"(마 28:1).

마리아란 뜻은 "높다"이다. 마리아라는 인물이 십자가와 부활 사건을 전후로 대거 등장하는 이유가 무엇일까? 그중 하나는 우리가 십자가와 부활을 거쳐야만 높아질 수 있는 존재이기 때문이다. 막달라 마리아에게 부활하신 예수님이 먼저 나타나셨다. 부활하신 예수님을 맨 처음 전할 수 있는 특권을 가진 자로 높아졌다.

한번은 외국에서 식사 초대를 받은 적이 있다. 그 장소가 꽤 유명한 호텔로 일반인들은 그냥 들어가서 식사할 수 없는 그런 곳이었다. 그런데 나를 초대한 분이 그 지역에서 상당한 영향력을 행사하는 분이었기 때문에 내가 그 분과 함께 들어가는데 나 역시 그 분과 동일한 예우를 하는 것이 느껴졌다. 누구와 함께 하느냐가 이렇게 중요하다.

예수님과 함께한 막달라 마리아는 지금까지 높임을 받는다. 우리 같은 죄인을 십자가와 부활을 통해 자녀 삼아주신 주님으로 인해 우리는 지금 천사들도 흠모할 만한 높은 대접을 받는 것이다. 하나님과 함께하면 높임을 받는다. 그러나 세상 것을 다 가졌을지라도 하나님을 떠나면 '마라'와 같은 인생이 되는 것이다.

조롱 받는 과부 이방 여인

아무리 친족 나오미가 고향으로 돌아왔다지만 어쩌면 금세 이런 소문이 퍼졌을지 모른다. 나오미가 '모압 지방'에서 그의 며느리 '모압 여인' 룻과 함께 돌아왔다는 소문 말이다. 이렇게 '모압'이 강조되고 있다. 옛날 우리나라에도 한 집안의 남자가 다 죽어버리면 여자들의 기(氣)가 세서 남자 잡아먹는 귀신이 붙었다는 이야기를 했다.

나오미 역시 모압 땅에서 과부가 되어 조롱을 받으며 살았을 것이다. 더욱이 이스라엘은 선민의식이 있다. 유대인들은 이방인을 개처럼 여겼다. 모압 자손은 여호와의 총회에 영원히 들어오지 못한다. 나오미와 룻이 과연 사람들로부터 어떤 시선을 받았을까?

'보통 여자가 아니야, 이방 여자래.'

'저런 여자를 며느리로 삼았으니 남자가 다 죽지.'

'남편 잡아먹는 여자래! 다 죽었대!'

서로 이런 눈빛을 교환했을 것이다.

우리가 창세기 38장의 사건을 보더라도 알 수 있다.

"유다가 장자 엘을 위하여 아내를 데려오니 그의 이름은 다말이더라 유다의 장자 엘이 여호와가 보시기에 악하므로 여호와께서 그를 죽이신지라 유다가 오난에게 이르되 네 형수에게로 들어가서 남편의 아우 된 본분을 행하여 네 형을 위하여 씨가 있게 하라 오난이 그 씨가 자기 것이 되지 않을 줄 알므로 형수에게 들어갔을 때에 그의 형에게 씨를 주지 아니하려고 땅에 설정하매 그 일이 여호와가 보시기에 악하므로 여호와께서 그도 죽이시니"(창 38:6-10).

바로 계대법(繼代法)이다. 하나님께서 장자 엘이 하나님이 보시기에 악해서 그를 죽이셨다. 이에 유다가 오난으로 하여금 형을 위해 자식이 있게 하도록 형수와 결혼하게 하였는데, 오난은 형의 대를 이으면 형의 재산이 자기 것이 되지 않을 것을 생각하고 그의 형에게 씨를 주지 않기 위해 땅에다 설정하는 악행을 저지른다. 한마디로 형의 재산을 욕심낸 것이다. 그 일이 하나님이 보시기에 악했기 때문에 하나님이 오난 또한 죽이셨다.

"유다가 그의 며느리 다말에게 이르되 수절하고 네 아버지 집에 있어 내 아들 셀라가 장성하기를 기다리라 하니 셀라도 그 형들 같이 죽을까 염려함이라 다말이 가서 그의 아버지 집에 있으니라"(창 38:11).

유다의 두 아들 엘과 오난이 죽은 원인은 엘과 오난에게 있었다. 그러나 11절을 보면 유다는 아들 셀라도 형들처럼 죽을까 염려했다고 나온다. 유다는 하나님이 선택한 사람이다. 그런데 누가 잘못해서 두 아들이 죽었는지 하나님께 묻지 않고 두려워한다. 영적으로 타락해서 자신의 며느리 다말을 남편 잡아먹는 귀신이 붙었다고 오해하고 있는 것이다.

결국 유다가 다말에게 아들 셀라를 주지 않아서 어떤 일이 벌어졌는지 우리는 잘 알고 있다.

22 나오미가 모압 지방에서 그의 며느리 모압 여인 룻과 함께 돌아왔는데 그들이 보리 추수 시작할 때에 베들레헴에 이르렀더라   룻기 1:22

앞서 행하시는 하나님

나오미는 "여호와께서 나를 징벌하셨다"고 고백했다. 이것을 직역하면 이런 뜻이 된다. "나에게 반대하여 증거하셨다"이다. 즉, 여호와께서 자기 편에 계시지 않고 반대편에 계시기 때문에 자신이 망할 수밖에 없다고 말하는 것이다. 그렇지만 마치 하나님께서 우리가 하나님을 떠나면 우리를 망하게 만드는 복수하는 하나님으로 오해해서는 안 된다.

나오미의 고백은 하나님을 떠나서는 살 수 없었다는 고백이고 하나님께서 반대편에 서서서 그것을 가르쳐주셨다는 것이다. 하나님은 우리에게 복수할 필요가 없다. 왜냐하면 하나님을 떠나면 우리는 저절로 망하게 되어 있기 때문이다. 그래서 하나님은 적극적으로 우리를 부르고 초청하시는 것이다.

두 사람이 베들레헴에 돌아왔을 때는 마침 보리 추수가 시작될 무렵이었다. 그것은 무슨 말인가? 가난한 사람들이 이삭줍기로 연명할 수 있는 환경이 조성되었음을 의미한다. 보리 추수는 두 달쯤 걸린다. 두 달 동안 부지런히 이삭을 거두면 한동안 먹고살 수 있다.

하나님께서 어떤 사람을 다시금 하나님께 집중시키려고 하실 때 하시는 작업이 있다. 그중 하나가 환경을 꺾고 사람을 잘라내는 것이다. 그 사람이 하나님의 음성을 듣도록 하는 사인(sign) 중의 하나이다.

만일 이상하게 하는 일마다 환경과 상황이 꼬이고 틀어진다면, 또 만날 사람을 만나지 못하고 있다면 그것은 하나님께 집중하라는 뜻이라고 보면 된다. 물론 사탄의 공격일 경우도 있다. 그러나 우리는 우리의 앞날을 모르고 하나님께서는 그런 우리를 이끌어 가시기 위해 환경과 사람이라는 도구를 사용하신다. 이 점을 기억하라.

"나는 그에게 아버지가 되고 그는 내게 아들이 되리니 그가 만일 죄를 범하면 내가 사람의 매와 인생의 채찍으로 징계하려니와"(삼하 7:14).

반대로 하나님이 어떤 사람을 도와주실 때는 환경을 풀고 돕는 사람을 붙여주신다. 그것이 하나님의 방법 중에 하나다. 하나님을 떠난 나오미는 모압에서 모든 것을 잃어버린다. 함께한 남편과 자식들 모두 병약하고 쇠약해져서 죽었고 재산도 모두 잃은 최악의 환경 가운데 있다. 그런데 하나님께서 자기 백성을 돌보시어 양식을 주셨다는 고향 소식에 다시 하나님 앞으로 나아오게 되었다.

드라마의 한 장면을 상상해보라. 주인공이 외국에서 살다가 다 망한 다음 고국에 돌아왔지만 도와줄 사람 하나 없고 살아가기에 더 팍팍하다면 앞으로 그 주인공이 겪게 될 더 끔직한 삶을 연상해 볼 수 있을 것이다. 나오미가 망해서 돌아왔는데 "보리 추수가 끝났더라"라고 하면 나오미의 앞날이 더 비참해질 것이 예상된다.

하지만 하나님께서는 나오미와 룻을 위해 준비하고 기다리고 계셨다. 나오미와 룻이 베들레헴에 이르렀을 때 하나님께서 황금물결이 일렁이는 들판을 보여주신 것이다. 하나님 편에 있기로 고백하고 돌아온 때가 마침 보리 추수를 시작하는 때였다.

타이밍을 누가 맞췄다고 생각하는가? 아직도 룻이 여호와의 총회에 들어오지 못하는 저주받은 모압 여인이라고 말하는가? 아니다. 하나님은 고백을 얼마나 기뻐하시는 분인지 모른다. 하나님께서는 하나님 앞에 고백이 있는 자를 결코 버리지 않으신다. 그 걸음을 보리 추수 시작할 때에 맞춰서 이끌어 오신 분이 바로 하나님이시다.

하나님 앞에 믿음을 고백하고 다시 돌아온 그들을 위해 하나님께서 그들을 먹여주시려고, 이미 여호와 이레로 환경을 준비시켜놓고 계셨다. 룻기 2장에서도 엘리멜렉의 집안을 다시 세울 수 있는 친족 보아스를 예비해놓고 계셨다.

하나님을 떠난 엘리멜렉은 살 수 있을 것 같았지만 모두 망해버렸다. 그러나 자신은 망했다고 고백하며 돌아온 나오미와 룻을 위해 하나님께서 오히려 살 수 있는 환경과 사람을 준비시켜놓으신 것이다. 세상의 능력과 스펙에 소망을 두지 말라. 여호와를 가까이 할 때 진정한 회복이 일어난다.

이삭줍기 하는 자를
버리지 않으신다

보리 추수와 밀 추수를 마치기까지 이삭을 주우며

눈물로 이삭 줍는 계절

하나님이 준비시켜놓으신 사람

성경이 강조하는 바를 잘 보기 바란다. 룻기 2장 1절에 드디어 '보아스'라는 이름이 등장한다. 보아스란 "그 안에 힘이 있다", "힘이 되는 사람", "유력자"라는 뜻이다.

> [1] 나오미의 남편 엘리멜렉의 친족으로 유력한 자가 있으니 그의 이름은 보아스더라
>
> 룻기 2:1

이 보아스라는 이름은 성경에 두 가지로 나온다. 하나는 룻기에 나오는 "나오미의 남편 엘리멜렉의 친족으로 유력한 자"의 이름이며, 다른 하나는 열왕기에 나오는 이름이다.

"이 두 기둥을 성전의 주랑 앞에 세우되 오른쪽 기둥을 세우고 그 이름을 야긴이라 하고 왼쪽의 기둥을 세우고 그 이름을 보아스

라 하였으며"(왕상 7:21).

그렇다. 보아스는 후일 솔로몬이 건축한 하나님의 성전의 기둥 이름이다. "그가 세우리라", "그 안에 힘이 있다"라는 뜻대로 '하나님'을 상징한다. 유력한 자가 사람이 있겠는가?

보아스는 당대 유력한 자다. 보아스는 축복받은 사람이다. 보아스는 여리고 성의 기생 라합의 아들이다. 라합은 여호수아가 여리고 성으로 진군하기에 앞서 보낸 정탐꾼을 숨겨주고 하나님 편에 선 여인이다. 후에 유다 지파 살몬과 결혼하여 보아스를 낳는다. 보아스는 가나안 정복 전쟁 초기에 등장한 라합의 아들이기 때문에 룻기 역시 사사 시대 초기를 그 배경으로 한다.

사사 시대 초기에 보아스가 벌써 당대 유력한 자가 되었다는 것은 하나님께서 라합과 그의 후손들에게 얼마나 놀라운 복을 주셨는지 알 수 있는 대목이다. 라합은 가나안 여인이었지만 누구보다 귀한 신앙고백으로 하나님의 백성이 된 사람이다. 그의 가문 역시 베들레헴에서 유력한 가문으로 세워주셨다. 하나님은 이미 이렇게 하나님의 은혜를 입은 유력한 가문의 보아스를 준비시켜놓으셨다.

이 보아스가 장차 룻과 결혼해서 오벳을 낳는다. 오벳은 이새를 낳고 이새는 다윗을 낳아 아브라함과 다윗의 자손 예수님까지 연결되게 할 힘 있는 자가 바로 보아스다. 물론 아직까지 룻과 보아스가 만나지 못했다. 하지만 하나님께서 이미 룻을 먹여주시고 룻의 고백에 합당한 보아스라는 인물을 예비해놓으신 것을 알 수 있다.

겉보기에 망해가는 것 같고 고백해도 내 삶은 변화되지 않는 것 같다. 하지만 우리의 삶은 하루아침에 변하는 것이 아니다. 그러나 우리는 알아야 한다. 보아스보다 더 힘이 있으신 하나님이 우리 곁에 계신다. 지금 룻은 아무것도 모르고 있지만 하나님께서는 보아스가 엘리멜렉의 친족이요, 유력한 자라고 말씀하신 것과 같이 우리 인생에도 그렇게 일하고 계신다.

더 나아가서 성경은 이렇게 증명한다.

2 모압 여인 룻이 나오미에게 이르되 원하건대 내가 밭으로 가서 내가 누구에게 은혜를 입으면 그를 따라서 이삭을 줍겠나이다 하니 나오미가 그에게 이르되 내 딸아 갈지어다 하매

룻기 2:2

나그네와 고아와 과부를 위하여

🌿 룻기 2장 2절에 나오는 '이삭줍기'를 자세히 설명하고 있는 구절이 다음 신명기 구절이다.

"네가 밭에서 곡식을 벨 때에 그 한 뭇을 밭에 잊어버렸거든 다시 가서 가져오지 말고 나그네와 고아와 과부를 위하여 남겨두라 그리하면 네 하나님 여호와께서 네 손으로 하는 모든 일에 복을 내리시리라 네가 네 감람나무를 떤 후에 그 가지를 다시 살피지 말고

그 남은 것은 객과 고아와 과부를 위하여 남겨두며 네가 네 포도원의 포도를 딴 후에 그 남은 것을 다시 따지 말고 객과 고아와 과부를 위하여 남겨두라 너는 애굽 땅에서 종 되었던 것을 기억하라 이러므로 내가 네게 이 일을 행하라 명령하노라"(신 24:19-22).

유대인들은 곡식을 거둘 때 떨어진 이삭을 주우면 안 된다. 그것은 객과 고아와 과부를 위해 남겨둔다. 가난한 자, 타국인, 고아와 과부들은 추수하는 밭에서 이삭을 거둘 권리가 있다. 그런데 아무리 이런 율법 조항이 있더라도 그 밭의 주인이 허락하지 않으면 이삭을 주울 수 없다. 그렇기 때문에 "내가 누구에게 은혜를 입으면"이라고 한 것이다. 다른 사람의 밭에서 이삭을 줍는다는 것은 그 밭의 주인에게 은혜를 입는 것이나 다름없기 때문이다.

빈손으로 돌아온 나오미와 룻이 먹고살기 위해서는 무슨 일이든지 해야만 했다. 룻은 나오미로부터 그 당시 율법과 풍습에 대해 알았고, 그래서 다른 사람의 밭에 나가 이삭을 줍겠다고 말한다. 룻이 "이삭을 줍겠나이다"라고 한 것은 공손하게 예의를 다해 말한 표현이다. 원어적 의미를 살려 설명하면 "이삭 줄기 안에 붙어 있는 낟알을 줍게 하소서"이다.

그들은 다른 사람의 밭에서 이삭의 낟알을 주워야만 살아갈 수 있었다. 룻은 너무나 가난했다. 그러나 자신의 삶을 비관하거나 나오미를 따라온 것을 후회하지 않았다. 오히려 이방 여인이면서도 더 적극적으로 나서서 시어머니인 나오미를 섬기려고 애쓴다.

"어머니께서 죽으시는 곳에서 나도 죽어 거기 묻힐 것이라 만일 내가 죽는 일 외에 어머니를 떠나면 여호와께서 내게 벌을 내리시고 더 내리시기를 원하나이다 하는지라"(룻 1:17).

룻은 나오미를 따라올 때 자신이 한 고백을 철저히 지키며 나오미를 봉양하려고 노력했다. 하나님께서는 이 연약한 과부를 버려두지 않으시고 룻을 보아스의 밭으로 인도해 가신다.

---

3 룻이 가서 베는 자를 따라 밭에서 이삭을 줍는데 우연히 엘리멜렉의 친족 보아스에게 속한 밭에 이르렀더라 4 마침 보아스가 베들레헴에서부터 와서 베는 자들에게 이르되 여호와께서 너희와 함께 하시기를 원하노라 하니 그들이 대답하되 여호와께서 당신에게 복 주시기를 원하나이다 하니라

룻기 2:3,4

그런데 보라!

룻이 가서 베는 자를 따라 밭에서 이삭을 줍는데 '우연히' 엘리멜렉의 친족 보아스에게 속한 밭에 이르렀다. 마침 보아스가 베들레헴에서 왔다. 그런데 여기서 '마침'이라는 부사 한 단어로 표현된 우리 성경과 달리 원어가 갖는 의미는 매우 힘이 있다.

히브리어 원문대로 읽으면 "웨 힌네"라고 한다. '웨'는 접속사이

고, '힌네'는 감탄사다. 이탈리어로 '맘마미아'(유명한 뮤지컬 제목이다)가 "어머나"라는 뜻의 감탄사인 것과 같다. '힌네'는 "보라"라고 해석할 수 있다. 여기서 '웨 힌네'는 (하나님이 보여주고 싶어 하시는 것, 또는 독자들이 이 장면에 집중하기 원할 때 쓰는 표현) "그런데 보라!" 이런 뜻이다.

성경을 비교해보면 더 잘 알 수 있다. 창세기 28장 6절에 "에서가 본즉…", 8절에 "에서가 또 본즉"이라고 나오는데 이때는 '웨 힌네'가 아니다. 여기서 '본즉'은 인간의 눈으로 주목한다는 뜻이다. 에서에게는 하나님의 눈으로 볼 수 있는 영안(靈眼)이 없었다. 아버지 이삭이 야곱을 축복하고 가나안 사람의 딸들 중에서 아내를 맞지 말도록 당부하는 것을 인간의 눈으로 주목했을 뿐이다. 그래서 에서는 8절 말씀처럼 아버지 이삭이 가나안 사람의 딸들을 기뻐하지 않는 것을 보고 다시 이스마엘의 딸을 아내로 맞았다.

그런데 창세기 28장 12절에 "(야곱이) 꿈에 본즉…", 12절 중간에 "또 본즉…", 13절에도 "또 본즉…"이라고 나오는데, 이때 다시 '힌네'라는 같은 단어가 사용되고 있다. 야곱은 이삭으로부터 장자의 축복을 받았다고 생각했다. 하지만 아버지의 축복을 빼앗긴 형 에서가 야곱을 미워하여 죽이려는 마음을 먹었기 때문에 그는 형을 피해 밧단아람으로 도망치고 있다.

이스라엘은 지역의 특성상 해가 질 때 이동해야 하고, 낮에는 뜨거운 태양을 피해 쉬어야 한다. 그렇지만 급하게 도망쳐 나온 야곱이 한 곳에 이르러 해가 지자 지치고 낙담된 마음에 그만 돌베개를 벤 채 들에서 그대로 유숙하게 되었다. 소망이 없었다. 축복권을 얻어 축복의 땅에 있고자 했는데 결국 얻었다고 생각했으나 쫓겨난 신세가 되었으니 자신이 얼마나 처량했겠는가.

그런데 자다가 꿈에서 보니 하나님께서 야곱에게 "그런데 봐라"라고 하시고 하나님의 사닥다리를 보여주신다. "네가 도망가는 거 같지? 망하는 거 같지? 그런데 아니야. 네 인생이 내 안에 있어", 마치 이렇게 말씀하시는 것처럼 하나님이 보여주고 싶어 하시는 것을 보여주신다. "또 본즉", 이것이 '웨 힌네'이다.

룻기 2장 4절에서 하나님이 보여주고 싶어 하시는 장면 역시 "보아스가 베들레헴에서부터 와서 베는 자들에게 이르렀다"는 것이다. 우연한 만남이 아니라는 것이 강조되고 있다. 하나님께서 룻을 주목하시고 유력한 자에게 이끌어 가셨는데, 마침 보아스가 세계 여행을 떠나 2년 후에 돌아온다더라 하면 앞으로 룻의 인생이 얼마나 꼬일지 예측해볼 수 있다.

그러나 하나님은 룻을 모압 지방에서 베들레헴으로 돌아오게 하셨고 이삭을 줍는데 친족 보아스에게 속한 밭으로 인도하셨으며 보아스도 똑같이 돌아오게 하셨다. 하나님께서 유력한 자 보아스를 거기 그 자리에 갖다놨으니 보라고 하시는 것이다. 이 기막힌 하나님의 인도하심을 감탄하며 보도록 '웨 힌네'를 사용한 것이다.

하나님은 하나님을 향한 고백이 있고, 하나님 앞에 살려는 자를 버리거나 죽이지 않으신다. 그래서 "그런데 보라"고 하신다. 하나님이 살려주시는 것을 보고 믿음을 가지라고 하신다. 먹여 살리는 것으로 끝내지 않고 유력한 자를 이끌어 만나게 하신 하나님이시다. 우리는 하나님이 보라고 하신 것을 봐야 한다. 그래서 하나님이 어떤 분이신지 알아야 한다. 그래야 믿음이 자란다.

하나님은 하나님을 편든 자에게 하나님도 그의 편이라고 말씀하신다. 하나님은 하나님께 소망을 둔 자를 먹이시고 하나님을 바라는 자를 채우시고 세우시고 유력한 자를 붙이시고 친히 이끌어 가시는 하나님이시다. 우리가 우리 인생 속에서 우연히 살아가는 것 같아도 그렇지 않다. 나에게 '웨 힌네'를 보여주실 하나님을 기대하며 하루하루를 살아가야 한다.

하나님을 편드는 믿음

흔히 정탐꾼들을 숨겨준 '라합의 거짓말'을 놓고 선한 거짓말이 되는지 안 되는지를 주제로 청년들 사이에 토론이 많이 벌어진다. 하지만 아무리 토론을 해도 답이 안 나오면 결국 담임목사를 찾아오게 된다. 그러면 나는 한마디로 답한다.

"그런 거 없어."

사실 선한 거짓말이란 자체가 없다. 이것은 반드시 상황이 있어야 한다. 상황을 상정하지 않고 명분만 이야기한다는 것은 말이 안 된다. 더욱이 성경은 라합의 거짓말을 윤리나 도덕으로 이야기하지 않는다. 성경에서 라합이 한 말은 하나님 편을 들었다는 것이다. 라합이 하나님의 백성 편을 들기로 선택했다는 것이다.

독립군이 다락방에 숨어 있는 상황에서 적군이 독립군이 어디 있는지 물었다고 해서 손가락으로 다락방을 가리키는 것이 정직한 것인가? 그것은 바보다. 거짓말이냐 아니냐를 논할 수 없다. 정직은 무조건 솔직하게 말하는 것이 아니다. 마찬가지로 성경은 누구 편에 섰느냐의 싸움에 대해 말하고 있다. 그때 라합은 하나님의 편에 섰다.

하나님의 편에 서니까 어떻게 되는가? 창문에 붉은 줄을 매단 집에 모인 라합의 부모와 형제와 모든 식구들이 구원을 얻는 은혜를 받았다. 라합의 아들 보아스 역시 하나님께 큰 복을 받아 이미 베들레헴에서 힘이 있는 자가 되었다. 하나님은 하나님의 편에 서는 자를 강하게 만드신다. 또한 보아스에게 또 다른 라합과 같이 고백한 룻을 붙여주신다. 하나님의 편에 선다는 것은 이런 것이다.

5 보아스가 베는 자들을 거느린 사환에게 이르되 이는 누구의 소녀냐 하니 6 베는 자를 거느린 사환이 대답하여 이르되 이는 나오미와 함께 모압 지방에서 돌아온 모압 소녀인데 7 그의 말이 나로 베는 자를 따라 단 사이에서 이삭을 줍게 하소서 하였고 아침부터 와서는 잠시 집에서 쉰 외에 지금까지 계속하는 중이니이다   룻기 2:5-7

치열한 이삭줍기

이때 보아스가 룻을 보고 "이는 누구의 소녀냐?"라고 묻는다. 이 물음의 뉘앙스는 어느 집안 누구의 자식인지 묻는 것이다. 당시 사회에서는 한 개인이 어느 가족이나 부족, 지파에 속했는지를 매우 중요시했다. 그러자 베는 자를 거느린 사환이 룻에 대해 말하기를, 나오미와 함께 모압 지방에서 돌아온 모압 소녀라고 하면서 '모압'을 강조한다. 이것은 룻이 모압 출신이라고 낮추어 대하는 표현이다.

유대인들은 추수할 때 소년이 앞서 가며 곡식을 베면 소녀가 뒤따르며 단을 묶는다. 그리고 그때 떨어진 이삭은 줍지 않고 나그네와 고아와 과부를 위해 남겨둔다. 그러나 추수 밭에서 이삭을 줍는 사람들은 추수하는 동안에는 밭에 들어올 수 없었다. 추수가 끝나고 나서 묶은 단들이 타작마당으로 모두 옮겨진 이후에야 밭에 들어가 떨어진 이삭을 줍는 일이 가능했다.

그런데 룻은 사환에게 베는 자를 따라 곡식단 사이에서 이삭을 줍도록 허락해달라고 청하더니 아침부터 와서 지금까지 잠깐 쉰 일 외에 계속해서 이삭을 줍고 있다고 한다. 이것은 유대인의 풍습에서 벗어난 것이다. 룻이 사환에게 했다는 부탁은 이런 것이다. 소년이 곡식을 베고 나면 소녀가 단을 묶어 나간다. 그 다음 이삭줍기를 할 수 있다. 그런데 자신은 베는 자를 따라 밭에서 이삭줍기를 먼저 하겠다고 한 것이다. 더욱이 유대인 과부나 고아도 있을 텐데 감히 이방 여인이 베는 자를 따라 이삭을 줍도록 해달라니 속으로는 '뭐 이런 여자가 다 있나' 싶었을 것이다. 정말이지 바로 왕따 감이다.

하지만 룻은 맹한 여자가 아니다. 상황 판단을 못해서 모자란 소리를 하고 있는 것도 아니다. 오히려 상황 판단이 되니까 자신이 어떤 눈총을 받을지 잘 알면서도 이 추수기에 최대한 많이 거둬야 한다고 생각한 것이다. 그래야 룻이 나오미와 살 수 있다.

생존의 문제 앞에서는 체면도 없어진다. 룻은 유대인의 풍습을 어기고 눈총을 받아가며 이삭을 주워도 모자랄 만큼 생계가 어려웠다. 어떤 수모를 당하고 어떤 욕을 먹는다 할지라도 곡식 베는 자를 좇아 더 많이 거두려는 생각뿐이었다.

8 보아스가 룻에게 이르되 내 딸아 들으라 이삭을 주우러 다른 밭으로 가지 말며 여기서 떠나지 말고 나의 소녀들과 함께 있으라 9 그들이 베는 밭을 보고 그들을 따르라 내가 그 소년들에게 명령하여 너를 건드리지 말라 하였느니라 목이 마르거든 그릇에 가서 소년들이 길어 온 것을 마실지니라 하는지라

룻기 2:8,9

룻을 보호하는 보아스

그런데 8절에서 보아스가 하는 말을 주목해보라. 룻에게 다른 밭으로 가지 말며 단을 묶는 나의 소녀들과 함께 있으라고 한다. 또 9절을 보면 소년들에게 룻을 건드리지 말라고 명령했다고 말한다. '건드리다'라는 말은 히브리어로 "만지다, 때리다, 상처 입히다"라는 뜻이 있다. 그럼 보아스가 왜 이런 말을 했을까? 그는 남자들 세계의 거칠음을 알고 있다.

한국에도 외국인 이주노동자들이 많다. 동남아시아를 비롯한 기타 가난한 나라에서 한국으로 온 이주노동자들이 제대로 된 대우를 받지 못할 때가 많아 사회적으로 이슈가 되기도 했다. 더욱이 언어도 통하지 않고 무비자로 불법체류 중인 여성 노동자라면 다른 남자들이 찝쩍대도 일일이 따지거나 하소연하기 어렵다.

현대에도 그런 일이 비일비재한데 하물며 그 시대에는 오죽하랴. 더욱이 룻은 보호해줄 남자도 없는 망한 집안의 젊은 과부가 아닌가. 그러니까 보아스는 룻이 받을지도 모를 학대에 대해 알고 소년들에게 때리거나 상처 입히지 말 것을 명령한 것이다.

보아스는 2장 15절에서 다시 한번 자기 소년들에게 명령한다. 룻의 청대로 룻이 곡식단 사이에서 줍도록 하게 하고 책망하지 말라고 한다. '책망하다'라는 것은 "욕하다, 나무라다"라는 뜻이다. 추수를 하는 일꾼들에게 있어서 룻은 귀찮은 존재였을 것이다. 곡식을 베는

데 바로 뒤에서 상식에 안 맞게 이삭을 줍는 룻이 얼마나 일에 방해가 되었겠는가? 육체노동을 하는 사람들의 입은 거칠다. 보아스는 룻에게 욕하고 나무라는 사람이 있을 것을 짐작할 수 있었을 것이다.

또 16절에서는 룻을 위해 곡식 다발에서 조금씩 뽑아 버려서 그에게 줍게 하고 꾸짖지 말라고 말한다. 히브리어에서 금지명령은 두 가지가 있다. 하나는 일시적 금지명령이고 다른 하나는 영원한 금지명령인데, 16절에서 꾸짖지 말라고 한 금지는 오늘뿐 아니라 영원토록 하지 말라는 금지명령이다. 추수가 끝나기까지 룻이 이삭줍기를 할 텐데 오늘 하루만이 아니라 끝까지 욕하거나 나무라거나 몸을 건드리지 말라고 명령한 것이다.

룻의 이삭줍기는 그야말로 치열했다. 베는 자를 따라 단 사이에서 이삭을 줍는데 아침부터 와서 잠시 오두막에서 쉬는 일 외에 룻은 뙤약볕에서 계속해서 이삭을 주웠다. 남들이 뭐라고 욕하면 욕을 먹고 해코지를 하면 당하겠다는 각오로 독하게 이삭을 주웠다. 조금이라도 더 많이 거둬야 살기 때문에 필사적일 수밖에 없다.

삶의 현장으로 들어가보자. 그때 같이 이삭을 줍던 여인들에게 룻이 어떻게 시기를 받지 않았겠는가. 특별한 사정과 상황은 알지만 사람의 마음은 그리 간단하지가 않다. 자신들도 가난하고 먹고 살기 힘들어서 이삭줍기를 하려고 남에 밭에 와서 기다리고 있는 것이 아닌가? 룻이 먼저 많이 주울수록 그만큼 자신들의 몫이 없어지는 것이다.

그것도 어느 날 나오미와 함께 돌아온 이방 여인이다. 그 여인이 유대인의 풍습을 깨면서까지 악착같이 주워간다. 룻이 줍는 동안 자신들은 밖에서 그것을 보면서 기다린다면 누군들 그것을 고운 시선으로 보겠는가? 눈총을 받고 욕을 먹어도 룻은 어쩔 수가 없었다.

우리가 신앙생활을 하면서 착각해서는 안 되는 것이 있다. 예수님을 믿으면 세상적으로 무조건 어려움도 없이 만사형통할 것처럼 생각하는데 그래서는 안 된다. 룻이 하나님을 향해 고백했고, 또 보아스도 베들레헴에서 당도하게 하셨으면 무언가 풀어지는 역사가 있을 법하다. 그런데 놀랍게도 룻에게 이삭줍기 하는 치열한 삶이 예비되어 있다. 이것이 바로 신앙의 삶이다. 신앙은 자신에게 주어진 삶에서 이삭줍기를 잘해야 한다.

과정을 지켜보시는 하나님

룻은 아침부터 와서 쉬지 않고 일했다. 이삭을 주우면서 땀 흘리고 목마르고 조롱당함을 겪었다. 그런데 우리는 이런 과정을 모두 생략하고 싶어 한다. 믿음을 고백했으면 그 다음으로 기대하는 것은 해피엔딩이다. 고백했는데도 이루어지지 않으면 하나님이 없다고 한다.

그러나 우리에게 필요한 것은 과정이다. 처절한 믿음의 행함이 필요하다. 룻 가운데는 고백과 고백한 그대로 땀 흘리는 하나하나의 사건이 흘러가고 있다. 청년들이 무엇으로 땀을 흘려야 하는지 아는가? 청년의 때에는 감정적 뜨거움을 느낄 수 있다. 하지만 그것만으로는 안 된다. 하루하루 하나님을 닮아가고자 치열하게 싸우는 땀을 뿌려야 한다. 우리에게는 인생을 낭비할 시간이 없다.

"술 취하지 말라 이는 방탕한 것이니 오직 성령으로 충만함을 받으라"(엡 5:18).

성경에서 '방탕하다'는 뜻은 "하나님이 주신 것을 낭비한다"는 것이다. 하나님이 주신 시간, 하나님이 주신 건강, 하나님이 주신 물질을 하나님의 뜻에 맞게 사용하지 않고 내 뜻대로 낭비했을 때 그것을 방탕하다고 하는 것이다. 룻은 물론 방탕하지 않았다. 최선을 다해 살았다.

룻은 나오미를 그냥 따라온 여인이 아니다. 이스라엘 백성에게서 하나님을 향한 고백이 모두 사라지고, 모두가 살기 위해 도망칠 때 이 여인은 그 땅을 떠나지 않으며, 시어머니 나오미를 봉양하기 위해 땀 흘리고 목마른 삶을 자처했다. 이 믿음의 발자취를 유력한 자, 보아스가 보았다. 다시 말해서 하나님께서 주목하고 계신다는 의미이다.

믿었는데 망하는 역사?

🌿 뜨거운 고백도 하고 새롭게 각오도 했는데 흔히 그런 우리 앞에 어떤 일이 벌어지는가? 갑자기 집안에 사건이 터지고, 아이가 말썽을 피우고, 남편이 핍박하고, 회사에 문제가 생긴다.

'하나님, 이게 뭡니까? 왜 이런 일을 벌이세요? 내가 고백했고 하겠다고 했잖아요! 이건 아니잖아요?'

그렇지만 하나님은 내가 고백하기만 하면 "Yes, sir" 하는 종이 아니시다. 하나님은 우리에게 원하시는 것이 있다.

개인적으로 나는 이십 대 청년기가 가장 힘들었다. 나는 고2 때 예수님을 영접했다. 그런데 내가 예수님을 영접하고 고백하고 난 뒤 집안이 망해버렸다. 주님을 믿고 이제 살 소망을 가졌는데, 내 상황은 더 끔찍해진 것이다.

그리고 고3이 끝날 무렵에는 청천벽력 같은 상황이 벌어졌다. 먹을 것도 하나 없고 무엇을 해야 될지도 몰랐다. 집은 무너져 가는 토담집에, 겨울인데 연탄 살 돈이 없었다. 일단 두꺼운 스티로폼을 방바닥에 깔았다. 한겨울을 냉방에서 지냈다. 냄비에 물을 끓이고 집에 있던 밀가루를 반죽해서 수제비를 떴다. 수제비가 떠오르면 굵은 소금으로 간을 해서 그것으로 하루에 한 끼만 먹고 몇 달을 버텼다. 아무 반찬 없이 수제비만 먹었다. 그때는 아르바이트도 많지 않았다. 그 후로 10년 동안 나는 정말 힘겹게 살았다.

내가 아내를 만나서 장인어른에게 인사를 드리는데, 장인어른이 도무지 이해를 못하겠는지 "그럼 대체 자네는 그동안 뭐했나?"라고 물으실 정도였다. 나도 그 10년을 다 설명할 수 없다. 나는 오직 생존하기에 바빴다.

그 당시 나는 하나님께 이렇게 고백했다.

"하나님, 저는 교회를 취미생활, 종교생활로 다니지 못합니다. 저는 살아 계신 하나님이 필요합니다. 하나님이 살아 계시지 않다면 신앙생활 못하겠습니다. 하나님, 제가 10년을 드리겠습니다. 저의 이십 대를 다 드리겠습니다. 그 시간에 교회가 시키는 대로, 말씀이 하라는 대로 다 하겠습니다. 제 청춘을 드리겠습니다. 저로서는 쉽지 않다고 생각합니다. 하지만 다 드리겠습니다. 그런데 만약 10년이 지나도 상황이 똑같다면 하나님은 안 계신 겁니다. 저는 안 계신 자를 붙잡지 못합니다. 그때는 깨끗이 교회를 떠나겠습니다."

이삭 줍는 청춘의 시작

10년 동안 나는 안 해본 아르바이트가 없다. 청년의 때에 못 먹고 고생해서 지금도 속이 말이 아니다. 앓아보지 않은 병이 없다. 청춘의 때에 내 인생의 바닥을 경험했다. 그때 나는 이삭줍기를 했다. 내가 할 수 없는 것 말고 내가 하나님께 드릴 수 있는 것을 다 드리려고 했다.

그 당시 청년부에서는 성경공부가 열정적으로 일어나고 있었다. 어느 날 교회에 성경공부를 하러 갔는데 대학부에서 리더반을 만든다고 했다. 리더반에 갔더니 공부하면서 과제로 책을 선정해주고 돌아가면서 발표를 하는데, 발표할 때는 자신이 발표할 내용을 복사해서 나눠주어야 한다고 했다.

나는 선배님을 찾아가서 리더반을 못하겠다고 말했다. 선배님은 말씀을 배울 때 배워야 한다고 만류했지만, 책 살 돈은 고사하고 교회에 올 차비도 없을 때가 더 많은 내게 리더반은 어려웠다. 신학대학원을 졸업할 때까지도 나는 필수 전공 도서가 아니고서는 다른 책들을 마음 놓고 사볼 수 없었다. 한 번 읽고 쓰는 리포트용 도서는 거의 빌려서 봤다.

사람들이 남들 다 가는 대학을 왜 못 가느냐고 한다. 원래 공부도 못했지만 그 당시에 나는 대학 입학원서 살 돈이 없었다. 차비가 없어서 교회를 두 시간씩 걸어온 적도 많았다. 차비할 돈이 생기면 중학생인 동생에게 점심값 하라고 줘야 한다.

그런 사정과 형편이었지만 그때는 다른 사람들에게 재정 때문이라는 말을 차마 하지 못했다. 지금 생각해봐도 그때 선배님께 말했다면 책 몇 권 정도는 사주셨을 텐데, 진짜 돈이 없으니까 괜한 자존심에 그것을 용납하지 못했던 것이다.

리더반을 못하겠다고 하고 나오는데 나는 너무 억울했다.

"주님, 가난하고 돈이 없으면 교회에서 성경도 못 배웁니까? 대체 뭐가 이렇습니까?"

10년을 다 드리겠다고 한 약속만 아니면 정말 뛰쳐나가고 싶었다. 대학도 못 갔는데 성경도 못 배우니까 더 억울했다.

연희동 집에서 광화문까지는 버스로 3,40분 되는 거리다. 나는 아침에 성경책을 들고 광화문까지 1시간 30분 정도 걸어갔다. 광화문에 한 기독교 서점이 있는데, 거기 가서 목사님 같아 보이는 분들이 주로 어떤 책을 뽑는지 유심히 봤다.

'아, 저 책을 많이 보시는구나!'

이상근 박사의 주석 책이다. 그러면 나는 그 책을 가져다가 책을 읽을 수 있도록 따로 마련된 장소에 자리를 잡고 앉는다. 그리고 주석 책을 펴놓고 가지고 간 내 성경에 옮겨 적기 시작했다. 정말 미친 듯이 적었다. 점심때가 되면 서점 화장실에 가서 수돗물을 먹었다. 그리고 또 적었다.

그런 다음 또다시 걸어서 집으로 돌아왔다. 배고픔을 잊기 위해 말씀을 암송하기도 하고 바울의 전도여행 순서를 떠올려보기도 했다. 이제 집에 가서 밀가루로 저녁 한 끼를 먹어야 하니까 말이다. 다음 날도 그 다음 날도 나는 걷고 또 걸어갔다.

물론 원망도 했다.

"하나님, 제가 왜 이렇게 살아야 됩니까?"

그런데 놀랍게도 하나님께서 서른 살에 넉 달 공부하고 대학에 보내주셨다. 하나님께 약속한 10년째에 나는 신학교에 들어갔다. 신학교 교수님이 질문을 하는데 그 성경 말씀을 내가 다 맞췄다. 왜냐하면 나는 정말 미친 듯이 성경을 공부했기 때문이다. 그때 알았다. 하나님께서 나를 목사 만들기 위해 10년 동안 그토록 말씀을 보게 하셨다는 것을 말이다.

이삭줍기를 왜 하는지 아는가? 하나님은 우리를 멋지게 만들고 싶어 하신다. 하나님을 향한 고백이 있더라도 하나님께서 그 고백만 그냥 받으시는 것은 아니다. 기도한다고 저절로 되는 것도 아니다. 하나님은 마술을 부리지 않으신다. 우리는 하나님의 작품이다. 하나님은 우리를 멋지고 아름답게 만들기를 원하신다. 우리는 믿음의 씨를 뿌려야 한다. 그래야 하나님이 주신 진정한 복을 알게 된다. 믿음으로 씨를 뿌린 곳에서 역사가 일어난다.

우리는 이삭줍기를 해야 한다. 가정을 위해 기도하고, 교회를 위해 기도하고, 이 나라와 민족을 위해 기도하는 이삭줍기를 해야 한다. 룻은 생존을 걸고 처참하게 이삭줍기를 했다. 시어머니 나오미를 먹이기 위해서, 하나님께 드린 고백과 약속을 지키기 위해서, 사람들이 때려도 책망하고 모독해도 하나님만 바라보고서 했다. 하나님이 주실 것을 기대하고 하나님이 먹이실 것을 구했다.

신앙을 증명하는 싸움

주의 날개 아래 보호받으러 온 나

다음 룻의 고백을 보라. 나는 이 고백을 볼 때마다 눈시울을 붉히게 된다.

10 룻이 엎드려 얼굴을 땅에 대고 절하며 그에게 이르되 나는 이방 여인이거늘 당신이 어찌하여 내게 은혜를 베푸시며 나를 돌보시나이까 하니 11 보아스가 그에게 대답하여 이르되 네 남편이 죽은 후로 네가 시어머니에게 행한 모든 것과 네 부모와 고국을 떠나 전에 알지 못하던 백성에게로 온 일이 내게 분명히 알려졌느니라 12 여호와께서 네가 행한 일에 보답하시기를 원하며 이스라엘의 하나님 여호와께서 그의 날개 아래에 보호를 받으러 온 네게 온전한 상 주시기를 원하노라 하는지라 룻기 2:10-12

룻은 사람들이 개처럼 여기는 이방 여인인 자신에게 베푸는 보아스의 은혜를 이해할 수 없었다. 그러나 보아스는 룻이 남편이 죽은 후 시어머니에게 행한 모든 것과 부모와 고국을 떠나 전에 알지 못하던 백성에게로 온 일을 다 알고 있으며 룻이 행한 그 일들을 주님이 갚아주시리라고 말한다.

"이스라엘의 하나님 여호와께서 그의 날개 아래에 보호를 받으러 온 네게 온전한 상 주시기를 원하노라"(룻 2:12).

보아스는 지금 하나님의 마음으로 룻에게 이야기하고 있는 것이다.

모압 여인은 이미 유명해졌다. 내 이름은 '김남국'이다. "남국아" 하고 부르는 것은 완벽한 이름이 아니다. 김 씨네 아들 남국, 김남국이 완벽한 이름이다. 성경에도 완벽한 이름이 있다. '요한의 아들 시몬'처럼 누구의 아들인지 아버지의 이름이 들어가야 완벽한 이름이 된다. 이방인은 그가 온 지방의 이름을 붙여준다. '헷 사람 우리아', '가드 사람 잇대', '모압 여인 룻'이 정확한 이름이다.

하나님께서는 룻을 정확히 기억하고 계신다. 뿐만 아니라 사람들에게도 이 이방 여인이 와서 시어머니를 봉양하는 소문이 알려졌다. 사실 오늘 보아스가 룻을 만났지만, 얼굴은 몰라도 이 모압 여인의 소문만큼은 익히 들어서 알고 있었다. 얼마나 충실하게 나오미를 섬겼고 얼마나 치열하게 이삭줍기를 했는지 이스라엘 전체가 알고 있었다.

보아스는 룻이 그토록 헌신한 이유를 증언한다. 룻은 하나님의 날개 아래 보호받기 원했다. 그래서 그가 "이스라엘의 하나님 여호와께서 그의 날개 아래에 보호를 받으러 온 네게 온전한 상 주시기를" 원한다고 말하는 것이다.

나의 고백도 마찬가지다. 나도 교회에서 하나님의 백성들로부터 보호받기 원했다. 하지만 나만 잘 먹고 잘 살기 위해서가 아니라 생존하기 위해 애쓴 10년, 하나님을 믿기 위해 드린 10년의 시간 동안 나는 광신도 소리를 들어야 했다. 믿지 않는 집안에서 듣는 광신도 소리는 내가 감당해야 할 몫이지만, 교회 성도로부터 책망을 듣고 모독을 당할 때 나는 정말 힘들었다.

"쟤는 대학도 안 가고 교회에서 뭐하는 거야?"

"쟤는 직장도 안 다니고 왜 교회 봉사만 하는데?"

이것이 그 시절에 내가 교회에서 들었던 얘기다. 물론 모두는 아니지만 특히 교회의 직분자나 신앙의 선배라 믿었던 분들로부터 그런 말을 들을 때 정말 어려웠다. 집안이 어려운 청년에게 위로의 말은 못해줄망정 그런 말을 하고, 차비는 못 대줄망정 어떻게 내게 그런 눈빛을 보낼 수 있는지 원망스럽기도 했다.

'돈이 없으니까 교회에서 대접을 못 받는구나! 부모님이 믿지 않으니까 교회에도 뿌리가 없구나.'

그때 나는 이렇게 기도했다.

"하나님 바라보고 왔습니다. 하나님만 바라보겠습니다. 나는 주님의 은혜가 필요한 사람입니다. 주님의 은혜가 필요합니다."

룻의 고백도 그렇다. 어머니의 백성이 나의 백성이 되고 어머니의 하나님이 나의 하나님이 되기 원한다는 고백처럼, 비록 그 백성이 책망하고 꾸짖어도 룻은 하나님이 주시는 은혜를 기대했다. 하나님께서 이 룻을 아시고 보아스를 통해 룻을 위로해주셨다.

결국 하나님이 해주신다. 하나님이 책임지신다. 하나님이 세우시는 것이다.

말씀을 붙든 자에게 주신 은혜

나는 공부를 안했다. 그리고 공부해야 할 때 못했다. 신학교에 입학해보니 똑똑한 목사, 학벌 좋고 집안 좋은 목사, 말 잘하는 목사, 외국어 잘하는 목사, 잘생긴 목사 후보생이 정말 많았다. 내 말은 말도 아니고 내 지식은 지식도 아니었다. 나에게는 화려한 학력 스펙도 없고 믿는 집안이라는 배경 스펙도 없었다.

아무것도 없는 내가 다시 하나님 앞에 한 가지를 결심했다. 하나님이 나를 사용해주셨으면 하는 마음으로 그러면 지금 내가 할 수 있는 것이 무엇일까 생각해보았다. 그런 다음 나는 다시 성경을 공부하기 시작했다.

"말씀을 열심히 준비하자. 말씀을 열심히 준비하자. 그래. 내가 목사가 될 사람인데 성경을 열심히 준비하자."

하나님이 내가 준비한 말씀이 아까워서라도 '저놈, 불교 집안에 스펙도 없고 아무것도 없고 모자라지만, 준비한 게 아까우니 한 번은 써줘야지' 하실 그 한 번만을 바라보고 죽어라고 했다. 신학교에 들어가서 지금까지 미친 듯이 공부했다. 성경만 봤다. 히브리어를 공부해서 비교해서 보고, 헬라어를 공부하고 이 단어가 원문에 맞는지 보고, 공부하고 공부하고 또 공부했다.

나는 학부를 서울장신대학교(통합)를 졸업했다. 그리고 대학원은 합동신학대학원대학교(합신)에 들어갔다. 대학원에 들어가면서 저절로 교단이 옮겨졌다. 합동신학대학원대학교에 들어갔으니 전도사로 나가야겠는데 마침 IMF가 터졌다. 당시에 나라도 어려웠고 교단도 작아서 교육 전도사 자리가 없었다.

그런데 기도하는 가운데 하나님께서 개척의 마음을 주셔서 IMF 때 청년 두 명으로 교회를 개척했다. 충신교회 권사님이 자신이 하시던 학원을 주일에 무료로 빌려주셨다. 당시 학원은 서울시 마포구에 있었고, 집은 신대원 근처인 수원이었다. 주일만 장소를 사용하기로 했기 때문에 교회에 가지 못하는 평일에는 다시 학교에 나가 공부했다. 후배들 중에는 내가 졸업을 못한 줄 아는 사람도 있었다.

수업도 없고 동기들도 없는 학교에 매일 간다는 것이 참 힘들었다. 그렇다고 방 한 칸짜리 집에 아이들 둘이 노는 데 같이 있을 수도 없었다. 다른 시립도서관에 가자니 참고할 주석이 없었다. 나는 학교 도서관에 틀어박혀 공부만 했다. 14시간씩 앉아서 어깨가 아프도록 공부했다.

하나님의 말씀을 열심히 준비하면 그래도 한 번은 써주시겠지 하는 마음으로 이삭줍기 했는데 하나님께서 나를 이렇게까지 써주실지 몰랐다. 청년들 사이에서 내가 제법 유명해졌는지 수많은 청년들이 나를 알아본다. 마커스 목요모임에서 말씀을 전한다. 집회 요청도 많고 성경을 가르쳐달라는 사람도 많다.

나는 아내에게 이렇게 고백했다.

"도대체 내가 이삭줍기 한 게 뭐라고, 하나님의 말씀을 준비한 게 뭐라고, 목사가 성경공부 하는 게 당연하고, 목사가 기도하는 게 당연한데 하나님께서 왜 내게 이토록 큰 은혜를 주시는지 모르겠어."

주의 날개 아래 보호받기 원한다는 고백이 있는 신앙, 하나님의 말씀을 붙잡는 자에게 주시는 은혜, 어렵고 힘들어도 주님을 바라보며 이삭줍기 하는 자를 하나님은 버리지 않으신다. 하나님은 그런 자를 세우신다. 우리에게 고백이 있으면 고백한 만큼 추수해서 거둬야 한다. 하나님을 찾는 자를 망하게 한다면 하나님이 안 계신 것이다. 하나님의 날개 아래 보호받기 원하는 자를 하나님은 기억하신다. 풍성한 상을 주신다.

"믿음이 없이는 하나님을 기쁘시게 하지 못하나니 하나님께 나아가는 자는 반드시 그가 계신 것과 또한 그가 자기를 찾는 자들에게 상 주시는 이심을 믿어야 할지니라"(히 11:6).

이삭줍기 하자. 더 주께 나아가자. 더 주님의 보호 아래로 나아가자. 주께서 나를 어떻게 세워주시는지 보자. 어떻게 상 주시는지 보자.

믿음의 길 떠나는 사람

사실 청년 시절의 나는 외국에 나가는 것이 꿈이었다. 나는 할 수만 있으면 외국에 나가서 다시는 한국에 돌아오지 않으려고 했다. 아예 외국인 여자와 결혼하고 싶었다. 나는 우리나라를 떠나 내가 모르는 땅, 나를 모르는 사람들과 살고 싶었다. 하지만 고국을 완전히 떠나려던 내 꿈은 하나님으로부터 원천봉쇄 당했고, 지금 나는 한국을 선교지로 알고 살고 있다.

그러나 룻은 나와 입장이 다르다. 룻은 나오미를 따르면서 자신의 본토 친척 아비 집으로 돌아가지 않겠다고 믿음으로 선언했다. 11절에서 보아스는 룻이 부모와 고국을 떠나 온 것을 알고 있다고 말한다. 여기서 '떠나'라는 단어는 히브리어로 "버리고 떠난 대상을 다시 찾을 수 없다"는 의미를 함축하고 있다. 그러니까 돌아가지 않을 것이고 완전히 떠났다는 것이다.

즉, 룻은 자기 부모와 나라와 영원히 인연을 끊고 나오미를 따라 이스라엘로 온 것이다. 자신이 알지 못하고 경험해보지 못한 곳에

간다는 것은 많은 어려움이 따른다. 룻은 자신의 부모와 고국을 완전히 떠나 알지 못하던 낯선 백성에게로 왔다.

동일한 고백을 한 사람이 창세기 12장에 나오는 아브라함이다. 룻은 믿음의 조상 아브라함의 길을 갔다.

"여호와께서 아브람에게 이르시되 너는 너의 고향과 친척과 아버지의 집을 '떠나' 내가 네게 보여줄 땅으로 가라"(창 12:1).

똑같다. 떠난다는 것은 완전한 분리를 나타낸다. 그리고 4절에 보면 "이에 아브람이 여호와의 말씀을 따라갔고"(창 12:4)라고 나오는데, 이 말씀은 우리 성경에서 보는 것처럼 믿음의 사람이니까 말씀을 따라가는 것이 당연하다는 식의 표현과는 다른 의미가 있다. 이것은 "말씀밖에 따라갈 수 없었다"라는 뜻이다.

그렇다. 믿음의 길은 우르에서 하란까지, 하란에서 다시 가나안 땅까지 아브라함이 한 번도 경험하지 못한 세계를, 하나님의 가이드를 받아 하나님의 말씀만을 따라가는 길이다. 왜냐하면 믿음의 길은 인간이 경험해본 길이 아니기 때문이다.

우리가 하나님의 교회 안에 인본주의가 들어오면 안 된다고 하는 것도 마찬가지다. 믿음의 길은 인간의 머리로는 나오지 않는 길이다. 인본주의가 들어오면 교회는 분란이 일어난다. 왜냐하면 우리는 각자 자기 소견이 있기 때문이다.

"그 때에 이스라엘에 왕이 없으므로 사람이 각기 자기의 소견에 옳은 대로 행하였더라"(삿 21:25).

그렇다면 우리가 누구의 말을 들어야 하는가? 하나님의 말씀이다. 하나님의 말씀이란 성경 중심의 마인드다.

혼히 이렇게 질문하는 사람이 있다.

"그런다고 돼요?"

된다! 왜 되는지 아는가? 믿음의 길은 우리의 생각이나 우리의 경험에 있지 않고 하나님이 인도함에 있기 때문이다. 아브라함이 말씀을 따랐다면, 그것은 아브라함으로서는 스스로 알 수 없는 길을 갔다는 뜻이다.

보아스가 말하기를, 룻이 부모와 고국을 완전히 떠나서 알지 못하던 백성에게 온 것을 분명히 알고 있다고 한다. 룻이 그 믿음의 길을 왔기 때문에 하나님께서 상 주시고 복 주시기를 원한다고 말한다. 우리는 보아스를 통해서 하나님의 마음이 흘러가고 있음을 알 수 있다. 아브라함과 같이 믿음의 길을 간 룻은 마땅히 복을 받아야 한다.

명예인가, 불명예인가?

열왕기를 보라. 왕들의 행적을 기록한 다음 맨 마지막으로 그 왕을 평가하기를 "여호와 보시기에 정직히 행하여 그의 조상 다윗의 모든 길로 행하고 좌우로 치우치지 아니하였더라"라고 기록

했다면 그는 선한 왕이다. 반대로 그가 "여로보암의 길로 행하였다"라고 하면 그는 악한 왕이었음을 나타냈다.

그렇지만 하나님께서 여로보암에게 열 지파를 주실 때 그에게도 다음과 같은 약속의 말씀을 주셨다.

"네가 만일 내가 명령한 모든 일에 순종하고 내 길로 행하며 내 눈에 합당한 일을 하며 내 종 다윗이 행함같이 내 율례와 명령을 지키면 내가 너와 함께 있어 내가 다윗을 위하여 세운 것같이 너를 위하여 견고한 집을 세우고 이스라엘을 네게 주리라"(왕상 11:38).

그렇다면 여로보암은 어떻게 하다가 이런 복을 잃어버렸는가? 유대인들은 모든 남자가 1년에 세 차례 절기에 예루살렘에 있는 여호와의 성전에 제사를 드리러 올라간다. 여로보암은 자신이 열 지파의 왕이 되었지만 백성들이 절기 때마다 예루살렘 성전으로 가는 것이 못마땅했다. 백성들이 성전으로 올라갔다가 유다 왕 르호보암에게 돌아갈지도 모른다는 생각에 불안했기 때문이다. 그래서 결국 금송아지 두 개를 만들어서 하나는 벧엘에 하나는 단에 두어 백성들이 예루살렘에 올라가지 못하게 했고 우상을 섬기는 죄를 짓게 만들었다.

여로보암이 하나님이 약속하신 대로 자신의 나라는 하나님이 세워주신다는 말씀을 굳게 붙잡고 견뎠다면 여로보암의 왕조도 나라도 견고히 설 뿐만 아니라 그도 하나님께 순종하는 왕이 되었을 것이다. 하지만 그는 지금 눈앞에 보이는 것을 두려워했고 인본주의로 실패했다. 그 후로 여로보암은 불순종한 모든 왕들을 가리켜 "여로보암의 길로 행했다"라고 불리는 불명예를 안게 된다.

반면에 다윗은 매번 사울이 그를 죽이려고 할 때 하나님께 맡기고 도망쳤다. 사울을 죽일 수 있는 상황에서도 그를 죽이지 않았다. 왜냐하면 자신이 왕이 되는 것은 자기 힘으로 되는 것이 아니라 하나님이 하신다는 것을 믿었기 때문이다. 그래서 하나님은 다윗을 통해 신본주의 국가를 세우셨고 다윗은 선한 왕의 명예를 안게 된 것이다.

룻은 하나님의 보호를 받기 위해 아브라함처럼 믿음의 길을 걸어서 왔다. 그러자 하나님께서 이 여인의 일을 알리셨고 유명하게 하셨다. 오히려 여호와는 왕이시라 고백하는 이름을 가진 엘리멜렉이 여호와의 보호를 떠나 세상으로 갔기 때문에 병들고 죽어버린 사건이 대비되는 것이다.

삶을 만들어가시는 하나님

보아스의 말대로 룻의 일이 다른 사람들에게 자세히 들려지고 알려지는 일, 나는 이것이 신앙생활이라고 생각한다. 신앙생활이란 어느 순간 한 번 하고 되는 일이 아니다. 신앙은 그냥 만들어지지 않는다. 하나님이 먼저 삶을 만드신다. 하나님은 우리를 만들기 원하신다. 그냥 편하게 해주신다는 게 아니다. 하나님의 사람답게 만드신다는 것이다.

흔히 "시험 당할 즈음에 또한 피할 길을 내사"(고전 10:13)라는 말씀을 우리는 곧잘 오해한다. 그 피할 길이 개구멍이라고 생각한다. 그러나 '피할 길'이란 군대 용어로 "포위망을 뚫고 나간다"는 의미이다. 하나님은 도망칠 수 있게 도와주시는 분이 아니라 강하게 해서 뚫고 나갈 수 있게 만드시는 분이다. 예를 들면, 내일이 시험인데 공부를 다 한 사람에게 시험이 시험이겠는가? 공부를 완벽하게 해서 시험을 봤다 하면 백 점 맞을 사람은 한시라도 빨리 시험 보기를 기다린다. 시험이 아니라 증명이다.

"하나님이 아브라함을 시험하시려고 그를 부르시되…", 창세기 22장 1절에 나오는 '시험'이 바로 "증명하다"라는 단어이다. 하나님께서 아브라함을 시험하사 이삭을 번제로 바치라고 하셨다. 이것은 남포교회를 담임하고 계시는 박영선 목사님이 가장 잘 설명하신 것 같다. 우리가 리트머스 시험지를 갖다 대면 알칼리성인지 산성인지 알 수 있는 것처럼 "아브라함의 믿음이 어느 정도인지 아니? 자, 아브라함을 봐! 믿음이란 이런 거야. 증명해줄게"라고 하신 사건이다. 하나님께서 이삭을 바치라고 하실 때 바치는지 안 바치는지 보거나 바치니까 믿음이 있다고 보는 그런 시험이 아니다.

아브라함이 모리아 땅으로 가는 삼 일 길을 어떻게 갔을 거라고 생각하는가? 우리가 그러는 것처럼 울며불며 갔을 거라고 생각하는 사람들이 많은데 그렇지 않다. 나중에 아브라함을 만나면 아마 고개를 들지 못할 것이다.

"아브라함은 시험을 받을 때에 믿음으로 이삭을 드렸으니 그는 약속들을 받은 자로되 그 외아들을 드렸느니라 그에게 이미 말씀하시기를 네 자손이라 칭할 자는 이삭으로 말미암으리라 하셨으니 그가 하나님이 능히 이삭을 죽은 자 가운데서 다시 살리실 줄로 생각한지라 비유컨대 그를 죽은 자 가운데서 도로 받은 것이니라"(히 11:17-19).

왜냐하면 아브라함은 부활 신앙을 믿고 있다. 아브라함이 이삭을 칼로 찌른다고 이삭이 죽는 것이 아님을 믿었다. 죽는다 해도 능히 죽은 자 가운데서 다시 살리실 수 있는 하나님의 전능하심을 믿은 것이다. 자기 아들을 칼로 한 번 찌를 때마다 십 억씩 준다고 해보라. 그렇다고 해도 미친 사람이 아닌 이상 어떤 아버지가 칼로 자신의 아들을 찌르겠는가? 못 찌른다. 그렇지만 아브라함은 이미 그것을 알고 믿었다. 우리 하나님이 생명의 주권자가 되신다는 것을 말이다.

아들이 칼에 찔려서 피가 철철 흐르고 있다.

"아빠, 나 피가 나…."

"그런다고 안 죽어. 하나님이 죽이셔야 죽는 거야. 생명이 하나님께 있어. 하나님이 죽이시려고 하면 너는 그냥 넘어져도 죽어."

이렇게 아브라함은 부활 신앙을 믿었다. 이것은 그 믿음을 증명한 사건이다. 하나님은 우리를 자라게 하신다. 아브라함처럼 우리를 만들기 원하신다. 신앙이 자란다는 것이 무엇인가? '연단'이란 "경험하다"라는 의미가 포함되어 있다. 삶에서 경험해야 연단이 된다. 그러니까 하나님이 우리를 경험 시키시고 경험을 통해 신앙을 자라게 하시는 것이다. 왜냐하면 하나님의 목적은 우리를 자라게 하는 것이지 우리를 편하게 하거나 문제를 빨리 해결해주는 것이 아니기 때문이다.

룻은 바로 이 믿음의 싸움을 했다. 믿음을 증명하는 삶을 살았다.

믿음을 증명하는 싸움

나는 아내와 5년 동안 연애를 했다. 아내의 부모님이 5년 동안 반대하셨다. 그도 그럴 것이 애지중지 키운 몸 약한 딸이 남자를 하나 데려 왔는데, 집은 가난해도 너무 가난하고 믿음의 가정도 아니다. 번듯한 맞선 자리 다 마다하더니 교회밖에 모르고 이제야 대학에 간다고 수능을 준비하는 사람과 결혼하겠다고 하니 얼마나 놀라겠는가.

아내의 집에서는 딸이 제정신이 아니라고 생각했을 것이다. 하지만 나는 이해했다. 나라도 지금 내 자식이 그런 사람을 데려오면 반대할 것이다. 나는 믿음이 있다고 하지만 아직까지 나를 잘 알지 못하는 상태에서 집안, 학벌, 경제력 등 모든 스펙이 떨어지는 사람을 딸의 배우자로서 못마땅해 하는 것은 부모님이 딸자식을 사랑하는 마음인데 당연했다.

그렇게 집안의 반대가 심하다보니 어느 날 아내가 지치고 상한 마음으로 내게 와서 짜증을 피웠다. 그런데 나도 이 문제는 어쩔 수가 없었다. 내가 선택한 상황도 아니기 때문이다. 그래서 아내의 짜증을 어느 정도 받아주다가 이렇게 말했다.

"그건 네가 극복할 문제야. 내가 도와도 안 돼. 네가 극복해. 짜증 부리지 말고…. 하나님이 지금 그 문제로 너를 다루고 계셔. 피해? 피해서 지금 당장 나랑 결혼하면 그럼 하나님이 어떻게 하실 것 같아? 그걸 피하면 아마 시부모님 문제로 어려울 거야? 더 세지? 시부모님 문제를 피하면 자식 문제로 어려워지고, 자식 문제를 피하면 교회 성도 문제로 어려워지고…. 하나님이 잡고자 하시면 잡으실 걸. 다루고자 하시면 피해 가지 못해. 어쩔 수 없어. 참고 견뎌. 연단 받을 때 받는 거야."

내가 신학교에 다닐 때, 집사람은 돈을 벌었고 나는 학교를 다녔다. 데이트 비용을 아내가 거의 다 냈다. 그래도 나는 부끄럽거나 자존심이 상하지 않았다. 왜냐하면 나도 놀지 않았기 때문이다. 나도 내 일, 내 삶에 충성했다. 공부했다. 집사람도 자기 일에 충성한 것이다.

여기가 바로 우리가 인본주의로 생각해서는 안 되는 대목이다. 내가 했다거나 내 돈으로 했다고 해서는 안 된다. 왜 '나', 나 때문이라고 이야기하나? 하나님 때문이다. 하나님이 하셨다. 나는 내게 맡겨진 내 일만 충성스럽게 하면 되는 것이다.

그때 나는 전도사로 부름 받았고 공부를 열심히 해야 했고 말씀에 충성해야지 돈을 벌 때가 아니었다. 그렇기 때문에 돈 버는 사람이 돈을 쓰는 것이 당연했다. 지금도 마찬가지다. 재정을 채우시는 분은 하나님이시다. 나는 내가 번다고 안 한다. 내 힘으로 번 돈이 아니기 때문이다. 하나님이 복 주시고 채워주시는 것이 그저 감사할 뿐이다.

우리는 각자 자기에게 주어진 믿음의 싸움을 해야 한다. 삶으로 자신의 믿음을 증명해야 한다. 룻은 거기까지 충성했다.

---

13 룻이 이르되 내 주여 내가 당신께 은혜 입기를 원하나이다 나는 당신의 하녀 중의 하나와도 같지 못하오나 당신이 이 하녀를 위로하시고 마음을 기쁘게 하는 말씀을 하셨나이다 하니라 14 식사할 때에 보아스가 룻에게 이르되 이리로 와서 떡을 먹으며 네 떡 조각을 초에 찍으라 하므로 룻이 곡식 베는 자 곁에 앉으니 그가 볶은 곡식을 주매 룻이 배불리 먹고 남았더라

룻기 2:13,14

식사할 때 보아스가 룻을 불렀다. 그리고 떡 조각을 초에 찍으라고 말했다. 이 초는 포도로 만든 식초인데 당시 딱딱한 빵을 먹을 때 찍어서 먹거나 다른 음식과 함께 먹으면 소화를 도왔다. 또 무더

운 날씨에 더위를 먹지 않고 피곤이 풀어지도록 하는 역할도 했다. 룻은 보아스가 준 볶은 곡식을 배불리 먹었다.

보아스는 물도 먹지 못하고 일한 룻을 알고 있다. 이제부터 하나님을 통한 회복이 들어오기 시작한다. 비록 작은 것 같아 보여도 하나님이 일하기 시작하신 것이 보이는 것이다.

고백을 지켜가는 삶

은혜의 물결이 흘러오다

보아스는 룻을 위해 곡식단을 베는 소년들에게 다시 명령하기를, 룻이 곡식단 사이에서 줍더라도 나무라지 말고 단에서 이삭을 조금씩 뽑아 떨구라고 한다. 17절을 보면 룻이 저녁까지 주운 이삭을 떠니 보리가 한 에바쯤 되었다고 한다.

> 15 룻이 이삭을 주우러 일어날 때에 보아스가 자기 소년들에게 명령하여 이르되 그에게 곡식 단 사이에서 줍게 하고 책망하지 말며 16 또 그를 위하여 곡식 다발에서 조금씩 뽑아 버려서 그에게 줍게 하고 꾸짖지 말라 하니라 17 룻이 밭에서 저녁까지 줍고 그 주운 것을 떠니 보리가 한 에바쯤 되는지라
>
> 룻기 2:15-17

출애굽기에 보면 만나를 거둘 때 하루에 한 사람당 한 오멜씩 걷

게 했다. 한 오멜은 성인이 하루 먹을 수 있는 분량이며, 한 에바는 십 오멜이다. 그러니까 룻이 그날 하루에 성인 열 사람이 먹을 분량의 이삭을 거둔 셈이다. 이렇게 꼬박 두 달 동안 이삭을 줍는다면 거의 1년 치 양식을 모을 수 있을 만큼 지금 보아스가 룻에게 특혜를 준 것이다.

18 그것을 가지고 성읍에 들어가서 시어머니에게 그 주운 것을 보이고 그가 배불리 먹고 남긴 것을 내어 시어머니에게 드리매 19 시어머니가 그에게 이르되 오늘 어디서 주웠느냐 어디서 일을 하였느냐 너를 돌본 자에게 복이 있기를 원하노라 하니 룻이 누구에게서 일했는지를 시어머니에게 알게 하여 이르되 오늘 일하게 한 사람의 이름은 보아스니이다 하는지라 20 나오미가 자기 며느리에게 이르되 그가 여호와로부터 복 받기를 원하노라 그가 살아 있는 자와 죽은 자에게 은혜 베풀기를 그치지 아니하도다 하고 나오미가 또 그에게 이르되 그 사람은 우리와 가까우니 우리 기업을 무를 자 중의 하나이니라 하니라   룻기 2:18-20

마치 옛날 우리 어머니들이 잔칫집에 갔다 오는 길에 음식을 싸 오듯이, 집으로 돌아온 룻도 배불리 먹고 남은 볶은 곡식을 시어머니에게 드렸고 주운 이삭도 보였다. 시어머니를 지극히 공양하려고 애쓰는 믿음의 여인의 모습이다. 그런데 시어머니 나오미가 룻에게 어디서 이삭을 주웠는지 묻는다. 왜냐하면 룻이 너무 많은 양의 곡식을 가져왔기 때문이다.

그러자 룻이 오늘 일한 밭의 주인 이름이 보아스라고 답한다. 보아스라는 이름을 듣자 나오미가 "그가 살아 있는 자와 죽은 자에게 은혜 베풀기를 그치지 아니하도다"라고 말했다. 나오미는 그가 근족(近族)이며 기업 무를 자(다른 사람에게 팔린 원래 자기 소유인 토지를 값을 지불하고 다시 찾아주거나 노예로 팔린 사람을 도로 사서 자유를 줄수 있는 권리가 있는 근족을 말한다)가 됨을 확실히 깨닫는다.

그간 나오미는 룻을 통해 기업 무를 생각은 미처 하지 못하고 있었다. 왜냐하면 룻은 모압 족속으로 이스라엘의 기업과 무관한 이방 여인이기 때문이었다.

21 모압 여인 룻이 이르되 그가 내게 또 이르기를 내 추수를 다 마치기까지 너는 내 소년들에게 가까이 있으라 하더이다 하니 22 나오미가 며느리 룻에게 이르되 내 딸아 너는 그의 소녀들과 함께 나가고 다른 밭에서 사람을 만나지 아니하는 것이 좋으니라 하는지라   룻기 2:21,22

기다림의 은혜

나오미로부터 그가 기업 무를 자라는 말을 들은 룻은 보아스가 또 이렇게 말했다고 전한다.

"정말이에요, 어머니. 그 사람이 또 내게 이렇게 말했어요. 추수를 다 마칠 때까지 곡식 거두는 사람들을 바싹 따라다니라고요."

사실 나오미는 룻이 이삭을 줍다가 당할 수모와 책망을 두려워하고 있었다. 그런데 룻이 이렇게 말하자 다른 밭으로 가서 사람들에게 시달리지 말고 보아스의 밭에서 계속 이삭을 줍는 것이 좋겠다고 말한다.

---

23 이에 룻이 보아스의 소녀들에게 가까이 있어서 보리 추수와 밀 추수를 마치기까지 이삭을 주우며 그의 시어머니와 함께 거주하니라 룻기 2:23

룻기 1장 마지막은 나오미와 룻이 베들레헴에 이르렀을 때가 보리 추수를 시작할 때였다고 했다. 룻기 2장의 마지막 역시 그리 단순하게 끝나지 않는다. 마치 한 편의 드라마처럼 앞뒤가 연결된다. 이삭을 하나라도 더 주워서 어떻게 해서든지 시어머니를 먹여 살리려고 모멸과 수치를 감당하는 룻에게 하나님께서는 보아스를 통해 먹이는 은총을 베푸실 뿐만 아니라 상 주기 원하신다는 하나님의 마음, 하나님의 음성을 전달해주셨다.

곧이어 나오미에게 보아스가 근족이며 기업 무를 자 중 하나라는 것이 알려졌고 이제 3장부터는 보아스와 룻 사이에 뭔가 일이 벌어질 조짐이 보였다. 하지만 아직까지 룻은 보아스 밭의 소녀들과 같이 보리 추수를 마치고 또 밀 추수를 마치기까지 이삭을 주우며 시어머니와 함께 살아간다는 것이다.

하나님의 은총의 흐름은 바로 그 다음날부터 급격하게 흐르는 것이 아니다. 보리 추수와 밀 추수가 끝날 때까지 룻은 여전히 땀을 흘리며 이삭을 줍는다. 하나님이 만지고 역사하시기까지는 기다림의 시간이 필요하다. 우리의 신앙생활은 너무 조급하다. 오늘 기도하면 내일 응답받기를 원한다. 항상 조급한 자가 떠난다. 조급한 자가 주님의 은혜를 보지 못한다. 말씀을 봐도, 큐티를 해도 뭔가 오늘 당장 말씀이 떨어져야 은혜가 있다고 착각하는데 그렇지 않다.

우리의 기도 역시 대부분 기다림의 기도다. 왜냐하면 하나님은 우리의 계획을 벌써 이만큼 앞서 가고 계시기 때문에 지금 우리가 구하는 것보다 그분이 우리를 만들어가시는 것이 훨씬 더 섬세하다. 여호와 이레는 삼 일 길을 가야 있다. 하나님께서 지금 바로 양을 주셔서 아브라함이 그 양을 끌고 삼 일 길을 간 것이 아니다. 끝까지 가봐야 알 수 있는 것이 여호와 이레다.

우리가 "하나님, 어디 계세요?" 하기 전에 하나님이 있으라고 하시는 그곳에서 하나님이 원하시는 때까지 기다리는 삶에서 실패해서는 안 된다. 그 기다림의 전조가 흘러가고 있다.

알지 못하는 길을 가다

🌿 나는 청년 두 명과 함께 교회를 개척했다. 그때 나는 개척을 할 수밖에 없었다. 나는 '둘로스선교회' 대표 목사다. 부교역자로서는 목사들을 연합하는 선교회의 대표직을 감당하기 어려운 것이 한국 교회의 목회 현실이었기 때문이다. 주일만 빌린 교회에 매일 갈 수도 없고 시간이 남았다. 하릴없는 나는 다시 성경공부만 했다.

그런데 어느 날 마커스의 김준영 대표가 나를 찾아왔다. '컨티넨탈싱어즈'에서 사역했고 '디사이플스'라는 찬양팀을 도와 같이 사역하고 만들어간 사역자였다.

"목사님, 찬양 사역자에게 성경을 좀 가르쳐주세요. 찬양 사역자가 타락하는 이유는 멘토가 없고 말씀을 전해주는 이가 없기 때문입니다. 저희가 하나님의 시기에 하나님의 방법으로 찬양 사역을 시작하려고 하는데, 목사님께서 저희를 가르쳐주시고 도와주십시오."

사실 나는 개인적으로 찬양 사역자를 좋아하지 않았다. 어제까지 세상적으로 살고 유행가를 실컷 부르다가 오늘 은혜 받아서 찬양하면 사역자인 줄 아는 사람이 너무 많기 때문이다. 사역이 뭔가? 사역이란 삶을 드리는 것이다. 삶이 없으면 사역이 아니다. 그렇게 싫어하면서 어떻게 가르칠까 싶어 나는 기독교인들 사이에 정중한 거절의 표시로 이렇게 말했다.

"기도해볼게요."

그런데 그 말을 하자마자 하나님께서 내 마음속에 이런 생각을 주셨다.

"너, 한 번만 더 찬양 사역자들을 욕하면 가만 안 둔다. 그들을 욕하고 도와달라고 할 때 안 도와줘?"

순간 마음이 짠하기도 하고 덜컥 겁도 났다. 욕 안 할 자신은 없어서 어떻게 도와주면 되는지 물어봤다. 그렇게 해서 지금의 '마커스'에게 성경을 가르치기 시작했다. 그러자 이번에는 주변에서 만류하기 시작했다. "가르칠 필요 없어, 키워봤자 다 큰 교회로 갈 거야…" 등등. 하지만 목사가 시간이 남는데, 말씀을 가르쳐달라는데, 가르쳐야 하지 않겠는가. 배우고 떠난다 해도 가르쳐야 한다. 하나님나라의 일이다.

마커스 미니스트리(Markers Ministry)는 사역 이전에 먼저 자신들이 예배자로 서야 한다는 중요성을 인식했다. 그래서 우리가 먼저 하나님 앞에 예배드리기 시작했다. 그러다가 외부에 공개되기 시작한 것이다. 마커스는 처음 단원 20명으로 시작되었다. 그런데 예배드리러 나오는 청년이 2,30명이다. 찬양대가 10명인데 회중석에 달랑 2명만 앉아 있다고 생각해보라. 낯부끄럽기도 하고 언밸런스하다. 그래도 나는 2만 명 앞에서 설교하는 것처럼 설교하고 찬양했다. 하지만 몇 달이 못 되어 예배 장소를 빌려준 교회에서 나가라고 했다. 오직 하나님 한 분만을 예배하며 마커스는 그렇게 4,5년을 떠돌면서 다녔다.

그러다가 300석 규모의 교회에 갔는데 하나님이 어느 날 300명을 채우시더니 다시 800명을 채워주셨다. 지하철 2호선에 있는 낙성대역 근처의 해오름교회가 총 2,200석인데 하나님께서 거기도 채우셨다. 여름방학이 되면 전국에서 청년들이 모여든다. 예배가 시작되기 몇 시간 전부터 예배당 입구부터 줄을 서서 기다린다. 예배당의 문을 열면 로비부터 청년들이 앉아 있다. 예배당 3,4층이 꽉 차고 지하 공간이나 5층까지 개방해도 자리가 모자라 돌아가는 사태가 벌어지기도 한다.

그러면 처음에 그렇게 반대했던 분들이 잘했다고 한다. 김 목사가 안목이 있었다고 한다. 그런데 아니다. 많이 모이고 유명해질 줄 알고 했다면 오히려 중간에 포기했을 것이다. 나는 해야 했기 때문에 했을 뿐이다. 하나님 앞에서 목사인 내가 시간이 있는데, 성경을 가르쳐달라고 하니까 가르쳤을 뿐이고 하나님의 말씀을 전해달라고 하니까 전했을 뿐이다. 마커스가 이렇게 유명해지고 하나님이 이렇게 마커스를 세워주실지 그때 나는 몰랐다.

삶의 예배

롯은 시어머니를 봉양했다. 이삭줍기를 하면서 힘겹게

그 헌신을 이어갔다. 하지만 그것이 하나님의 기업을 잇게 되는 일인지는 몰랐다. 자신이 보기에 하찮고 작은 일 같아도 하나님이 주목하신다면 그것은 큰 일이 되는 것이다. 지극히 작은 것에 충성된 자가 큰 일에도 충성된 것이다.

한 번의 예배가 우습다고 생각하는가? 우리끼리 드리는 예배라면 우스울지 몰라도 하나님이 보시고 받으신다면 얘기가 달라진다. 오병이어 사건을 기억하는가? 안드레가 예수님께 말하기를, 이 많은 사람들에게 이깟 보리떡 다섯 개와 물고기 두 마리로 무엇을 할 수 있겠느냐고 했다. 예배 한 번으로 뭐가 바뀌느냐, 한 번 "아멘" 한다고 뭐가 바뀌느냐, 부흥회 한 번 참석한다고 변화되겠느냐고 하는 것이다. 하지만 주님이 한 번 만졌더니 오천 명이 먹고 열두 바구니를 남기는 역사가 일어났다.

룻이 이삭줍기 하면서 나오미를 섬긴 일이 하나님의 눈에 들었다. 그랬더니 룻이 다른 존재가 되었다는 것이 바로 신앙생활이다. 내가 바꾸는 것이 아니라 하나님이 바꾸시는 것이다. 나는 하나님 앞에서 하루하루를 살아가는 것이다. 거저 되지 않는다. 하나님은 우리의 삶을 먼저 충성스럽게 만드신다. 우리는 그 과정을 따라가야 한다. 우리가 주님 앞에 하루하루 드린 것들이 씨앗이 뿌려지고 꽃이 피고 열매를 맺게 되어 거두게 되는 것이다. 그 열매는 상상 속에 있는 것이 아니라 주님 앞에 있는 것이다.

만일 예배 한 번 드렸는데 나중에 보니 주님이 이것을 보시고 내게 천만 원을 주셨다는 것을 알았다고 하자. 한 달에 네 번 예배를 드렸더니 4천만 원에 보너스 1천만 원, 그래서 합이 5천만 원을 주신다는 것을 알면 예배에 안 들어올 것 같은가? 아니다. 다 한다. 우리가 얼마나 우리 눈에 보이는 것만 좇는지 알아야 한다. 하지만 신앙은 그런 것이 아니다. 신앙은 하나님을 바라보고 살아가는 것이다. 믿음의 배짱이다. 주님을 좇으면 망하지 않는다는 배짱이 있어야 한다.

믿음의 배짱을 가져라

대학 입시가 다가올 때마다 한국 교회에서 하는 100일 기도가 있는데 나는 이것이 정말 못마땅하다. 특별히 내가 이 100일 새벽기도를 못마땅하게 생각하는 것은 왜 그렇게 벌벌 떠느냐는 것이다.

"하나님, 내 아들을 붙여주세요, 붙여주세요, 붙여주세요…."
하나님을 믿는다면서 세상의 문제 앞에 벌벌 떠는 모습이 불신자나 샤머니즘을 믿는 것과 똑같다.

"붙든지 떨어지든지 저는 모르지만 떨어져도 쟤는 하나님의 아들입니다. 기업이 끊어지지 않습니다. 하나님이 책임지실 것을 믿습니다."

왜 이렇게 기도할 배짱이 없는가. 세상 사람들이 구하는 것은 세상적인 복이기 때문에 그들은 꼭 붙어야 한다고 울부짖는다. 하지만 우리의 상은 그것이 아니다.

"시험에 떨어져서 잘 될 수 있다면 주님, 떨어지게 하십시오. 단, 주님이 붙잡아주시기만 하면 됩니다."

왜 대학에 떨어질까봐 벌벌 떠는가? 왜 그것으로 인생을 망친다고 생각하는가? 왜 그렇게 배짱이 없는가? 나는 고등학교를 졸업하고 10년 뒤에 하나님께서 별안간 "목회를 해라", "신학교에 가라" 그러셔서 넉 달 공부하고 대학에 들어갔다. 10년 만에 가도 괜찮다. 늦은 것 같지만 안 늦었다.

요셉이 종으로 팔리고 감옥까지 갔다. 망한 것 같지만 그것이 애굽의 총리가 되는 지름길이었다. 하나님의 방법이 더 빠르다. 우리는 이것을 믿어야 한다. 물론 나는 할 수 없다. 그러나 하나님은 하실 수 있다. 그것이 믿음의 배짱이다.

예수 믿는 자가 받을 수 있는 최고의 상(賞)이 뭐라고 생각하는가? 하나님이 주시는 상은 하나님이 나를 책임지시고 나를 써주시는 것이다. 하나님이 나라는 존재를 이 땅에서 한 번 써주시는 것, 나를 통해서 어떤 일을 하실 계획을 가지고 있다는 것을 아는 것, 우리에게 그만한 상이 없다. 하나님이 나의 기업이다. 부도나도 망하지 않는다. 이삭줍기를 할지언정 망하지 않으며 하나님께서 나를 통해 하나님의 기업을 세워 가신다는 것이 우리가 받을 상이며 우리가 가질 배짱이다.

우리는 하나님을 믿는다는 것이 뭔지 똑바로 알아야 한다. 만군의 여호와, 나의 기업, 나의 왕이 어떤 분이신지 확고한 의식이 없으니까 신앙에 힘이 없이 빌빌거리고 살아간다. 세상의 것이 다인 줄 알고 살아간다.

올해 우리 집 첫째 아이가 고3이다. 어버이날이라고 나와 아내에게 각각 편지 한 장씩을 써왔는데, 아내에게 이렇게 썼다.

엄니, 집에 오면 공부하라고 말은 안 하시는데, 뒤에서 구시렁구시렁 째려보시는 우리 엄니⋯. 그냥 공부하라고 하세요. 고3인데 당연히 그러실 줄 알았는데 왜 말씀하지 않는지 모르겠습니다. 이제는 그냥 제가 스스로 하려고 합니다. 물론 이것이 엄마의 교육 방식이었다면 그 대단한 인내력에 박수를 보내고요. (후략)

나는 아들에게 왜 공부하라고 안 하는지 설명해줬다.

"왜 공부하라고 안 하냐고? 걱정하지 않으니까⋯. 그리고 대학 떨어지면 군대부터 보낼 거다. 인생의 순서만 바뀌는 거지 달라질 게 없어서 너 편한 대로 살게 놔두는 거야. 군대 가기 전에 실컷 놀고, 쉬고, 먹어라. 하나님이 군대에서 빡세게 연단하시면 그 다음에 열심히 하겠지. 고3을 즐겨라."

나는 하나님이 내 아들을 만들어 가신다는 믿음이 있다. 세상에서 잘되는 것보다 하나님 안에서 잘 살아갈 것을 믿고 있다. 그 믿음으로 꾸준히 기도할 뿐 안절부절못할 일이 없다.

룻은 계속해서 하나님 앞에 섰겠다. 룻은 룻기 1장 16,17절에서 나오미에게 했던 고백대로 하고 있다. 마치 하나님께서 "나는 네가 그 고백대로 하는지 안 하는지 여전히 보고 있다"라고 말씀하시는 것 같다. "봐라, 룻이 그 고백대로 살지 않니?"라고 하시는 것처럼 성경은 지금 룻의 삶을 기록하고 있다.

한 방에 터져버린 역사

찬양대에 약간 버릇없는 여자 후배가 하나 있었다. 좋은 대학에 다니고 합창 단원이었기 때문에 노래를 잘한다. 사실 찬양대에서 노래를 잘한다는 것은 매우 중요하다. 하지만 노래를 잘하니까 연습에 늦게 와도 되는 것은 아니다. 연습은 노래 잘하는 것과 상관없이 하나님 앞에 준비된 자세를 보이는 것이기 때문이다.

나는 이런 후배들을 보면 참지 못하고 꼭 한마디를 했다. 그러면 그 여자 후배가 선배가 하는 말이니 듣기는 들어도 좀처럼 받아들이지 않는 눈빛을 보낸다. 왜냐하면 교훈도 은혜가 있어야 받을 수 있기 때문이다.

하루는 내가 어느 선교사님이 인도하시는 부흥회에 그 후배를 데려갔다. 그 후배가 거기서 큰 은혜를 받았다. 큰 은혜를 경험한 후배가 하나님께 열심히 기도하기 시작했다. 그런데 기도하다보면 하나님이 누구를 만나라는 마음을 주시고 그 사람을 만나서 말씀을 전하고 함께 기도하면 방언이 터지는 일이 일어났다. 이 자매를 통해서 이런 일이 많아지자 그 소식이 내 귀에까지 들렸다.

나는 마음이 쿵 하고 내려앉았다. 내가 부흥회에 데려갔는데 혹시 상황이 안 좋아졌으면 어쩌나 싶어서 그 자매를 만나러 갔다. 그리고 이 자매가 복음을 전하는 것을 옆에서 지켜보았다. 그 후배가 전하는 말을 들어보니 정말 자기 말을 하는 것이 아니었다. 자신이 선교사님으로부터 듣고 은혜 받은 말씀을 수십 개의 성경 구절을 찾아가며 그대로 전하는데 외워서 하는 말 같지 않았다.

"하나님은 정말 살아 계셔! 기도하자!"

이 말이 떨어지기가 무섭게 함께 기도한 사람이 방언을 한다. 사람도 문제가 없고, 전하는 말씀에도 문제가 없다. 그렇다면 분명히 하나님이 하시는 것이 아닌가. 순간 나는 그렇게 역사하시는 하나님 앞에 겁이 났다.

그 당시 우리 교회 안에도 사회주의의 영향으로 데모하고 화염병을 던지는 청년들이 생겨나 믿음이 식어지고 있었다. 어느 날 후배가 데모하는 자신의 동기에게 말씀을 전하고 기도하자고 하는데 이 친구가 자꾸 안 하려고 했다. 그때 내가 옆에 있다가 한마디를 거들었다.

"그냥 기도하고 얼른 가자."

그러자 후배도 몇 분 후에 다른 사람과 만날 약속이 있다고 말했다. 그런데 동기인 그 친구가 계속해서 마음을 열지 않아 어느새 약속한 친구가 올 시간이 지나가고 있었다.

"얘는 약속 시간이 넘었는데 왜 안 와?"

그러자 후배 자매가 이렇게 말했다.

"하나님께서 붙잡고 계신가봐. 네가 기도하고 받아들이기를 원하시는 거야. 일단 기도하자. 그러면 약속한 친구를 보내주실 거야."

그 순간 동기 친구와 나의 눈이 마주쳤고 '별안간 무슨 소리야?' 하고 속으로 비웃었던 것 같다. 그래서 빨리 이 자리를 파하고자 기도하기로 하고 같이 기도했다. 그런데 이 동기 친구 역시 기도하다가 방언이 터졌다. 누가 놀랐을까? 방언이 터진 당사자가 놀랐다. 때마침 다음에 만나기로 약속했다는 친구가 문을 열고 들어왔다. 누가 놀랐을까? 믿음이 있던 후배는 놀라지 않았다. 하지만 나와 동기 친구는 둘 다 너무 놀랐다.

약속 시간에 늦은 사연인즉, 교회 옆에 손만두 집이 있는데 만두를 먹고 오려고 만두를 시켰는데 찜통을 여는 순간 만들어놓은 만두가 없다는 것을 주인이 발견한 것이다. 약속이 있어서 그냥 가야겠다고 하자 금방 만들 수 있다고 해서 잠깐 기다리기로 했는데, 결국 지체되어 만두를 먹고 들어왔다는 것이다.

충성한 나날들

집으로 돌아온 나는 갑자기 화가 났다. 나는 10년을 하루같이 죽어라 봉사해도 나를 통해서 한 번도 그런 일이 일어나지 않았다. 그런데 건들거리며 신앙하던 후배가 한 번 은혜 받았을 뿐인데 그 후배를 통해 이런 역사가 일어나다니….

"하나님, 어떻게 이렇게 하세요?"

나는 하나님께 하소연했다. 그러자 하나님께서 내 마음속에 말씀하셨다.

"남국아, 부럽냐?"

"그럼요. 부럽지요. 입장 바꿔서 생각해보세요. 부러워요, 하나님."

"그래?"

그 일이 있고 나서 일주일쯤 되어서 교회에서 여자 후배 한 명을 상담해주었다. 상담을 마치고 헤어지기 전에 기도해줘야 할 것 같아 후배에게 같이 기도하자고 했다. 그런데 같이 기도하는 도중에 후배에게서 방언이 터졌다. 나는 깜짝 놀랐다.

'아, 하나님이 그렇게 마음을 주시더니 이제 시작되었구나! 그 후배가 지금까지 기도해서 방언이 터진 사람이 36명이니까 아마 나는 360명? 3600명?'

나는 꿈에 부풀었지만 그런 일은 내게 그 한 번이 마지막이었다. 기도하다가 방언이 터지자마자 하나님이 내 마음속에 이렇게 물으셨다.

"좋냐?"

"네, 그럼요."

"그런데 남국아, 내가 진짜 기뻐하는 게 있다. 그리고 지금 내가 못하는 게 있다."

"하나님이 못하는 게 있다고요?"

"그래. 내가 못하는 게 있다."

"뭔데요?"

"능력? 은사? 내가 지금 한번에 다 부어줄 수 있다. 내가 누구를 붙잡고자 한다면 그 사람에게 모든 능력과 은사와 물질을 다 줄 수 있단다. 하지만 내가 아무리 하고자 해도 못하는 것은 10년 동안 네가 나에게 충성한 것이다. 내게 10년 동안 드린 예배, 말씀, 기도는 내가 지금 역사해도 할 수 없는 것이다. 나는 그 충성을 기억하고 있고, 받고 있다. 내가 그것을 어떻게 잊겠느냐? 다른 어떤 것을 부러워하지 마라."

지금 이 순간에 있고 없는 것을 부러워하지 마라. 물질은 있다가도 없고 없다가도 있다. 건강도 마찬가지다. 그러나 매일매일 하나님 앞에 드리는 자기 자신의 삶을 한순간에 바꿀 수는 없다. 하나님이 지금도 나를 기억하고 보고 계신다. 그 하루하루의 삶을 받으신다.

두 달 동안 끊임없이 이삭줍기를 하면서 하나님께 드린 고백을 지키며 살아가는 룻의 삶을 하나님께서 보고 계신다. 믿음의 삶을 살아가고 있는 한 우리는 망하지 않는다. 환난과 어려움이라는 과정은 있다. 그렇지만 망하지 않는다.

너는 내 아들이니까!

자신의 믿음이 언제 자랐는지 생각해본 적이 있는가? 나는 신학을 하면서도 이해하지 못한 것이 한 가지 있었다. 하나님이 나의 과거와 현재와 미래의 모든 죄를 용서하셨다는데, 과거의 죄라면 내가 고백했으니까 용서하셨다는 것이 이해되었다. 현재의 죄를 용서하셨다? 이해가 된다. 그렇지만 미래의 죄를 용서하셨다는 것이 이해가 되지 않았다.

그런데 결혼해서 큰아들 하람이를 낳고 그 아이를 보는 순간, 나는 그 말씀을 이해하게 되었다.

"아, 얘는 내 아들이야. 사랑스러운 내 아들이라고. 이다음에 자라서 살인범이 된다 해도 얘는 내 아들이다. 모두가 돌을 던진다 해도 얘는 내 아들이다. 이 아이를 위해 내가 대신 죽을 수만 있다면 나는 내 아들을 위해 죽을 것이다. 내 목숨과 바꿔도 아깝지 않다. 왜냐하면 내 아들이니까."

비록 내 아들답지 못하고, 나를 걱정시키고, 모든 사람이 원수라 말하고, 그를 버려도 나는 그를 버릴 수 없고, 평생을 기도해야 하는 내 아들이다. 나는 이 아이를 안는 순간 이 아이의 모든 죄를 용서했다. 그때 주님이 내게 가르쳐주셨다. 하나님께서 김남국보다 못하랴. 주님이 나를 안으시는 순간 나의 과거와 현재와 미래의 죄를 용서하셨고, 예수 그리스도 안에 있는 자에게 결코 정죄함이 없다는 것을 깨닫게 해주셨다. 내가 하나님의 아들이기 때문이다.

예수님이 왜 십자가를 지셨는지 이해가 되었다. 나는 하나님의 자녀다. 하나님께서 예수님을 십자가에 못박아 구원한 자녀라는 말이다. 십자가의 은혜로 예수님의 보혈로 나를 구원하셨으니 하나님께서 나의 모든 죄까지 용서하셨다는 말이 이해가 됐다. 우리가 미래에 죄를 지으라는 말이 아니라 그만큼 사랑한다는 말이고, 그만큼 책임진다는 말이다.

하나님께서 광야에서 우상숭배 한 이스라엘 백성들을 진멸하려 하실 때 모세는 그들이 하나님의 백성임을 아뢴다. 그들을 죽이면 다른 사람들이 하나님께서 하나님의 자녀를 산에서 죽이고 이 땅에서 없애버리기 위해 애굽에서 빼내었다고 말할 것이라고 말한다. 그들의 죄를 용서하지 않으시려면 자신의 이름조차 생명책에서 지워달라고 말한다. 하나님은 이스라엘 백성들을 죽이지 않으신다. 하나님의 자녀이기 때문이다. 어떻게 아버지가 자녀를 버리는가. 우리는 우리가 어떤 사람인지 알아야 한다.

남국아, 사랑한다!

🌿 청년 때 살던 집에서 쫓겨나게 된 일이 있었다. 이제 내일이면 집을 나가야 하는 상황에서 나는 철야기도를 하며 하나님께 간절히 부르짖었다.

"하나님, 집에서 쫓겨나지만 않게 해주세요. 하나님, 제가 대단한 거 바라는 게 아니잖아요. 그냥 비바람은 피할 수 있도록요. 하나님, 그건 해주실 수 있잖아요. 하나님….."

그렇게 새벽 5시까지 기도했다. 새벽 5시에 하나님께서 내 마음속에 응답을 주셨다.

"남국아, 사랑한다!"

"알아요, 하나님. 하나님이 저를 사랑하는 거 저도 알아요. 저도 하나님을 사랑해요. 그러니까 사랑하는 아들이 쫓겨나지 않게 해주세요."

두 번째 응답이다.

"남국아, 사랑한다!"

"그래요. 알아요, 하나님. 그러니까 주님께 왔지요. 집에서 쫓겨나지만 않게 해주시라고요."

세 번째 응답이다.

"남국아, 사랑한다!"

"주님, 제 말이 어려워요? 안다고요. 돈 달라고요. 집에서 쫓겨나지 않을 만큼만 돈을 좀 주시라고요."

그 다음부터 말씀을 안 하셨다. 주님이 침묵하실 때는 이유가 있다. 어떨 때는 말할 가치가 없기 때문이기도 하다. 말귀를 못 알아들으니까 말이다. 그렇게 철야기도를 마치고 집으로 왔다. 그런데 바로 쫓겨났다. 집 밖에 살림살이를 쌓아놓고 텐트를 쳤다. 그 안에서 짐도 지키고 잠도 자야 했다. 하지만 잠이 오지 않았다. 화가 났다.

하늘을 바라보면서 하나님께 물었다.

"사랑한다면서요? 하나님, 이게 사랑이에요? 집에서 쫓겨나 온갖 창피와 모멸을 당하게 하는 거, 이게 사랑이에요? 사랑한다면서요?"

그때도 하나님은 여전히 아무 말씀도 하지 않으셨다. 나중에 신앙의 철이 들고 나서야 알았다. 사랑한다는 것은 책임진다는 말이다. 우리가 주님의 말과 사인(Sign)을 모를 때가 있다. 사랑하는 사람을 버리는 사람이 어디 있는가. 하지만 나에게 그 과정이 꼭 필요했고 나는 그 과정을 밟지 않으려고 했던 것이다. 하나님도 마음이 아프지만 하나님은 나를 만들고 싶으셨던 것이다.

룻을 보라. 이삭줍기는 하루에 끝나는 것은 아니다. 하나님의 때까지 룻은 하나님 앞에 고백을 지켜가는 삶을 산다. 그렇게 하나님의 때가 이르면 하나님께서 친히 일하시기 시작한다.

믿음으로 순종할 때
하나님이 높이신다

네가 현숙한 여자인 줄을 나의 성읍 백성이 다 아느니라

온전한 순종과 충성

안식의 은혜

3장 1절에서 나오미가 룻에게 말한다.

"내 딸아 내가 너를 위하여 안식할 곳을 구하여 너를 복되게 하여야 하지 않겠느냐."

¹룻의 시어머니 나오미가 그에게 이르되 내 딸아 내가 너를 위하여 안식할 곳을 구하여 너를 복되게 하여야 하지 않겠느냐

룻기 3:1

이때 '안식'이라는 단어에 주목해보자. 안식이라는 이 단어가 아무 의미 없이 쓰인 것이 아니다. 하나님이 6일 동안 천지를 창조하시고 7일째 안식하셨다. 이것은 하나님이 일을 마치고 나서 피곤하셔서 쉬셨다는 의미가 아니다. 안식의 중요한 특징 중 하나는 하나님이 하신 일, 곧 천지창조가 "완벽하다", "애프터서비스(AS)가 필

요 없다"는 것이다. 또한 이 완벽함 속에서 인간이 하나님과 진정으로 교제하고 쉼을 이룰 수 있는 날이라는 것이다. 애쓰고 일하는 날이 아니다.

안식일이 주일로 바뀐 의미도 중요하다. 하나님께서 6일 동안 세상을 만드시고 7일에 안식하신 이것으로 원래 하나님의 창조는 끝이 났다. 만일 인류가 죄를 짓지 않았다면 말이다. 하지만 죄로 말미암아 안식이 깨어졌고 하나님께서 깨어진 안식을 회복시키시기 위해 예수님을 보내주셨다. 예수님은 안식일 다음 날 부활하셨다. 원래 안식일이 천지창조를 기리는 날이라면 이제 주일은 하나님께서 다시금 우리를 구원하셔서 우리에게 진정한 안식을 주셨음을 기리는 날이다. 그래서 주님의 날이고 그래서 주일에 주님 앞에 예배드리는 것이다.

그런데 우리는 이 안식을 착각한다. 퍼져서 TV 보고 더 자는 것이 안식인 줄 안다. 주일에 예배드리고 구역 모임 하고 제자 훈련하느라 아침부터 저녁까지 바쁜데 이게 무슨 안식일이냐고 한다. 원래 안식일에 가장 바빴던 사람이 제사장들이다. 안식일은 푹 퍼지는 날이 아니다. 6일 동안에는 자신의 일을 위해 애쓰고 일하지만 주일(안식일)은 하나님과의 관계 안에서 애쓰는 날이다.

하나님과의 관계 안에서 애쓰느라 예배드리는 일, 찬송하는 일, 기도하는 일, 교제하는 일에 힘쓰는 것이다. 성경의 안식은 사람이 만드는 것이 아니라 하나님으로부터 오기 때문이다. 사람을 위해 안식일을 주셨지만 안식일의 주인은 여전히 하나님이시다. 그러니까 우리가 하나님과의 관계 안에 있을 때 안식이 찾아오는 것이다.

나오미가 룻에게 안식에 대해 언급했다는 것은 나오미가 하나님의 사인(sign)을 읽었다는 의미가 된다. 나오미는 1장 20절에서 자신을 나오미라 부르지 말고 마라라 부르라고 했다. "하나님께서 나를 심히 괴롭게 하셨다, 나를 치셨다, 나의 안식이 깨졌다, 나는 쓰다"고 한 것이 그녀가 베들레헴으로 돌아올 때 했던 고백이다.

그 나오미가 지금 하나님께서 드디어 이 가문에 기업을 이어 안식을 주시기로 했다는 것을 깨닫기 시작한다. 이제 하나님이 일하실 때라는 영적 흐름을 감지한다. 보아스가 룻에게 "이스라엘의 하나님 여호와께서 그의 날개 아래에 보호를 받으러 온 네게 온전한 상 주시기를 원하노라"(룻 2:12)라고 하나님의 마음을 전해주었는데, 하나님이 주시는 온전한 상(賞)이 기업과 연결되고 있다.

축복의 말? 저주의 말?

나오미는 하나님께서 자신의 고백을 들으셨다는 것을 깨달았다.

"여호와께서 너희에게 허락하사 각기 남편의 집에서 위로를 받게 하시기를 원하노라 하고…"(룻 1:9).

나오미는 두 며느리를 돌려보내며 각기 남편의 집에서 위로받게 되기 원한다고 말한 바 있다. 그런데 하나님께서 룻에게 보아스를 만나게 하시고 진짜 남편의 집에서 위로 받을 수 있도록 그 말을 이루신 것을 보게 되었다.

기독교인의 입의 말은 곧 기도다. 함부로 말하지 말라. 이스라엘 자손이 모세를 원망하며 뭐라고 말했는지 아는가? 우리가 이 광야에서 죽었으면 좋았을 것을. 주님이 그들의 말 그대로 이루어주셨다. 우리의 말은 기도다. 주님은 세상 사람의 말은 듣지 않으신다. 하지만 믿는 자의 말은 들으신다. 입의 말이 얼마나 중요한지 모른다. 그래서 입에 재갈을 물리라고 한다. "에이, 망해버렸으면…", "이 바보야" 이 말을 듣고 하나님께서 진짜 그대로 하시면 어떻게 하려고 그런 말을 입에 담는가?

믿음은 들음에서 난다. 이것은 마인드다. 원망을 해보라. 그 말을 가장 먼저 누가 듣는가? 바로 자기 자신이다. 그야말로 바보짓을 하는 것이다. 내가 원망하면 그 말을 내가 먼저 듣기 때문에 내가 원망의 마인드가 된다. 사람은 들은 대로 보게 된다. 반대로 축복의 말을 해보라. 그 말을 내가 가장 먼저 듣는다. 그러면 축복의 마인드가 되고 그 축복을 내가 누리는 것이다. 말이 얼마나 중요한지 아는가?

특별히 자녀들에게 교회와 하나님에 대해 원망하는 말, 불평하는 말을 해서는 안 된다. 교회 욕, 하나님 욕을 하지 말라. 부모나 어른은 순간적인 실수나 또는 함부로 내뱉는 그런 말을 듣게 되더라도 이해하고 처리할 만한 믿음이 있을지 모르지만 아이들은 그런 말에 대해 전혀 무방비하다. 그런 말을 한다는 것은 바보같이 자기 입술로 자기 아이를 죽이는 일이다. 절대 해서는 안 되는 일이다.

교회를 벗어나서 구원받을 수 있다고 생각하는가? 하나님이 인간에게 만들어주신 유일한 두 기관이 있다. 두 가지 외에 다른 것은 세상에서 인간이 임의로 만든 것들이다. 먼저 하나님은 우리에게 가정을 주셨다. 특별히 가정은 인간이 타락하기 전에 만들어주셨다. 인간이 타락한 다음에 만들어주신 것이 교회다. 교회는 인간이 타락한 이후에 하나님의 영광을 위해 세우셨다. 그런데 하나님이 교회를 망하게 할 것 같은가? 보이는 지역교회는 망할 수 있을지 모른다. 그러나 하나님은 교회를 망하게 하지 않으신다. 하나님이 교회를 만드시고 교회를 통해 일하기로 작정하셨기 때문이다.

우리는 하나님을 알아야 하나님의 백성이 된다. "각기 남편의 집에서 위로를 받게 하시기를 원한다", 나오미가 며느리에게 이 말을 했는데 하나님께서 나오미의 말 그대로 룻이 남편의 집에서 안식과 위로를 받도록 인도하실지 어떻게 알았겠는가. 말대로 된다. 그러니까 열이 받고 화가 나더라도 내 자녀는 "잘되고 잘될 놈이다", "축복이 넘치는 놈이다"라고 하라. 속에서 뭔가 부글부글 끓어 올라와도 우리는 입으로 축복의 말을 해야 한다.

두려운 내 입의 말

아내와 결혼한 다음 내가 큰 소리로 화를 낸 적이 있다. 집안 사정이 너무 어려운 나머지 한번은 아내가 나 들으라고 이렇게 투덜거렸다.

"하나님이 계시면 어떻게 이럴 수가 있어요!"

그때 내가 그런 말 하지 말라고 정말 크게 고함을 지르자 아내가 깜짝 놀랐다. 내가 아내에게 이렇게 말했다.

"여보, 난 진짜 두려워. 나는 하나님이 여기 이 자리에, 내 앞에 계신 것 같아. 그래서 아무리 화가 나도 농담이라도 하나님의 이름을 가지고 불평하지 않았으면 좋겠어. 차라리 나한테 직접 화를 내."

나는 기도할 때 하나님이 내가 기도하는 그 자리에 계신 것을 믿고 기도한다. 하나님이 내 앞에 계신데, 어떻게 하나님이 이럴 수 있느냐는 그 말이 두렵지 않겠는가. 하나님께서 내 입의 말을 듣고 계신다고 생각하면 얼마나 두려운지 모르겠다. 물론 나도 너무 속상할 때 말을 한다. 하나님 앞에 무릎 꿇고 기도로 말한다.

"하나님, 제 사정이 이러이러해요. 너무 속상해요. 정말 그 사람을 죽이고 싶어요. 하나님, 하나님은 말씀하지 마세요. 하나님이 말씀하시면 제가 져요. 알아요. 하나님이 100퍼센트 옳아요. 하지만 제 성질머리가 그렇다고요. 하나님 앞에서만큼은 말해도 되잖아요. 말할 수 있잖아요. 제 말은 들어주셔야죠."

나는 하나님께 다 표현한다. 막 욕을 한다. 그런데 하나님께 기도로만 한다. 이것은 기도이기 때문에 하나님이 만지신다. 하지만 그냥 말하면 원망이 되고 세상 말이 된다. 하나 차이다. '죽겠다'는 말과 '주께 있다'는 말은 비슷하지만 완전히 다르다. 죽겠다는 것은 인본주의지만 주께 있다는 것은 믿음의 고백이다. 그리스도인의 말은 기도요, 하나님 앞에서의 삶이다.

그리스도인의 입의 말은 축복의 말, 기도의 말, 긍정의 말이어야 한다. 하나님의 신앙인다운 말로 가득 채워라. 그것이 우리의 복이 될 것이다. 그 말을 듣고 자란 자녀는 다른 사람을 축복하는 사람, 하나님께 기도하는 사람, 모든 일을 긍정하고 인정하는 사람이 될 것이다.

교회도 마찬가지다. 하나님께서 어떤 교회를 원하실까? 큰 교회나 많은 성도의 수를 원하실까? 아니다. 교회가 좋다는 것은 건물이나 사람의 숫자가 많은 것이 아니라 그 교회의 성도가 좋아야 한다.

"그 교회는 참 따뜻해!"

교회 난방 시설이 잘 되어 있다는 말이 아니다. 교회의 성도들이 따뜻하다는 말이다. 교회는 하나님을 닮아가고 그 안에서 자라가야 한다. 세상 사람들은 보이지 않는 하나님을 만나는 것이 아니라 성도들을 만난다. 그렇기 때문에 우리의 말과 행동은 곧 하나님의 축복의 통로이다. 이 땅에 축복의 통로가 되어야 할 교회에 저주의 말이 난무하다면 그 자체로 이미 저주다.

도울 줄 모르고, 참을 줄 모르고, 살아갈 줄 모르는 그런 신앙, 조금만 열 받으면 세상 사람인지 아닌지 구분이 안 되는 말이 튀어나온다. 그런 말을 입에 올리는 사람이 과연 하나님이 살아 계신다고 생각하는지 정말 두렵다.

²네가 함께 하던 하녀들을 둔 보아스는 우리의 친족이 아니냐 보라 그가 오늘 밤에 타작마당에서 보리를 까불리라 ³그런즉 너는 목욕하고 기름을 바르고 의복을 입고 타작마당에 내려가서 그 사람이 먹고 마시기를 다 하기까지는 그에게 보이지 말고 ⁴그가 누울 때에 너는 그가 눕는 곳을 알았다가 들어가서 그의 발치 이불을 들고 거기 누우라 그가 네 할 일을 네게 알게 하리라 하니

룻기 3:2-4

룻의 순종과 충성

추수가 끝날 무렵, 나오미는 룻에게 친족 보아스가 기업 무를 자의 의무를 이행하도록 할 구체적인 계획을 말한다.

이스라엘은 해가 너무 뜨거워서 해질 무렵부터 주로 밤에 타작을 하는데, 이때 떤 곡식을 지중해로부터 불어오는 서풍에 까부른다. 나오미는 룻에게 타작하는 날 밤에 타작마당으로 내려가라고 한다. 이때 목욕을 하고 기름을 바르고 의복을 입으라고 하는데, 목욕을

하고 기름을 바르는 것은 그 당시에 하던 보통 몸치장이다. 그럴 때는 감람유를 발랐다. 이것은 남녀 공용으로 쓰던 화장품의 일종이지만 종교적으로는 정결하게 하나님 앞에 나가는 것을 상징하기도 한다. 의복 역시 특별한 예복이 아니라 전신이 가려지는 평상복으로 깨끗한 마음으로 하나님의 인도함을 받는다는 의미이다.

또 보아스가 눕는 곳을 알았다가 들어가서 그의 발치 이불을 들고 거기 누우라고 한다. 그러면 "그가 네 할 일을 네게 알게 하리라"라고, 앞으로 상황이 어떻게 전개될지 이야기해준다. 나오미의 이 말은 보아스 역시 그 의도를 안다는 것을 나타낸다.

5 룻이 시어머니에게 이르되 어머니의 말씀대로 내가 다 행하리이다 하니라 6 그가 타작마당으로 내려가서 시어머니의 명령대로 다 하니라 롯기 3:5,6

시어머니의 말을 다 듣고 룻이 어떻게 말하고 행동했는지 주목해보라. 성경의 반복은 강조다. 5절에서 룻은 나오미에게 "어머니의 말씀대로 내가 다 행하리이다"라고 했다. 6절에서도 "타작마당에 내려가서 시어머니의 명령대로 다 하니라"라고 룻의 '순종'이 강조되고 있다. 룻은 시어머니의 말씀대로, 시어머니의 명령대로 다 했다. 룻이 얼마나 충성스러운지 잘 알 수 있는 대목이다. 신앙은 충성스러운 삶이 있어야 한다.

성경에는 동전의 양면처럼 그것을 설명하는 긍정적인 표현과 부정적인 표현이 있다. 예를 들면 '성도'라는 단어의 긍정적인 뜻은 "구별된 자"다. 하지만 이 뜻은 성도라는 단어의 뜻을 50퍼센트밖에 전달하지 못한다. '성도'를 정확히 이해하려면 부정적인 뜻 또한 알아야 한다. 성도의 부정적인 뜻은 "천하에 악질, 저질, 악당"이다.

성도는 구별된 자다. 그런데 어디서 구별되었는지 알아야 한다. 우리는 어떤 자는 저질이요, 어떤 자는 악질이요, 어떤 자는 악당이다. 우리가 바로 천하의 악질, 저질, 악당이었다가 거기서부터 구별된 자들이라는 말이다.

얼마만큼 악질이냐 하면, 천하에 악질 나대신 예수 그리스도를 십자가에 못박아 죽여야만 구별되는 죄로 물든 존재, 가능성 없는 저질 악당이다. 저질, 악질, 악당 종류별로 다양하다. 그러니까 교회가 시끄러울 수밖에 없다. 은혜를 받았지만 아직 그 옛 기운이 남아 있기 때문이다. 우리가 어디서 구별되었는지, 하나님이 어디서 구별시키셨는지 아는 일은 중요하다.

'은혜'와 '평강' 역시 동전의 앞면과 뒷면이다. 은혜가 앞이다. 은혜를 받았으면 평강이 임해야 한다. 은혜를 받았는데 불안하다면 뭔가 잘못된 것이다. 사랑 안에 두려움이 없기 때문이다. '충성'과 '순종'이 또한 앞면과 뒷면이다. 순종은 하나님 앞에서의 자세를 말한다. 하나님 앞에서 우리의 자세는 순종적이어야 한다. 다른 말로 하면 수동적이다. 순종은 하나님의 말씀을 듣는 것이다. 그렇기 때문에 수동적이다. 하지만 말씀을 듣고 세상에 나갈 때는 하나님 앞에 충성스러워야 한다. 다른 말로 능동적이어야 한다.

둘로스, 순종하는 종

우리 선교회의 이름이 둘로스다. '둘로스'는 헬라어로 "종"이라는 뜻을 갖고 있다. 처음에 이 선교회를 만들 때, 선교회의 이름을 뭐라고 지을까 고민하고 있을 때 하나님께서 예배 시간에 별안간 사무엘상의 말씀을 생각나게 해주셨다.

"남국아, 내가 '사무엘아 사무엘아' 하고 불렀을 때 사무엘이 내게 '말씀하옵소서 주의 종이 듣겠나이다'라고 대답했다. 나는 이 시대에 이런 종들을 원한다. 내 앞에서 이거 하겠다, 저거 하겠다고 자신의 뜻을 세우는 자가 아니다. 내 앞에서 자기 비전을 흥정하는 자가 아니다. 내가 가라고 하면 가고, 서라고 하면 서고, 내가 마음껏 사용할 수 있는, 나는 그런 종들을 원한다."

이 마음을 나누고 선교회의 이름을 '둘로스'라고 지었다. 주님이 마음대로 사용할 수 있는 종들이 되자고 했다. 둘로스에서 순종을 어떻게 가르쳤는지 아는가? 우리는 리더가 공산당이라는 소리를 들을 만큼 순종을 가르쳤다.

처음 둘로스에 가입하려면 1년이라는 헌신의 기간을 거쳐야 했다. 그 기간 동안 예배에 1분이라도 늦으면 예배드리는 장소에 들어오지 못했다. 만일 그냥 돌아가면 둘로스가 될 수 없었다. 늦었더라도 예배가 끝날 때까지 4시간을 문 밖에서 기다리면 받아줬다. 하루라도 빠지면 둘로스가 될 수 없었다. 헌신의 기간 동안 철저히 순종을 배우고 가르쳤다.

하나님께서 우리에게 순종의 삶이 있는지 살피실 때가 있다. 순종은 즉각적이어야 한다. 순종은 하나님 앞에 머리로 하는 것이 아니라 몸으로 하는 것이다. 우리는 하나님을 신뢰하기 때문에 순종한다. 그 순종은 말씀에 기준이 있다. 상황은 모르지만 하나님의 말씀을 알기 때문에 순종하는 것이다. 맹종이 아니다.

해외에서 사역하시는 선교사님 한 분이 자신을 도와 사역할 수 있는 선교사가 필요한데 둘로스에서 파송해주면 좋겠다고 요청해왔다. 다른 사역자라면 몰라도 순종과 연합을 배운 둘로스에서 보내준 분이라면 동역할 수 있겠다는 것이다. 고민하는 가운데 한 후배 목사가 떠올랐고, 그의 성품과 마음이라면 연합할 수 있겠다는 감동이 와서 그 목사에게 전화를 걸었다.

"아무개 목사, 바울이 드로아에서 환상을 본 것처럼 나도 환상을 봤어."

"목사님, 무슨 말씀이세요?"

"무슨 말은…. 기도하라고."

"예."

한국에서 그 목사님과 만났다. 그리고 이러한 상황인데 아무개 목사가 그 나라에 가면 좋겠다고 했다. 사실 그는 방글라데시를 품고 있는 선교사였다.

"형님, 저에게 기도할 시간을 주세요."

맞다. 사역의 방향을 바꾸는 것인데 기도해야 한다.

"아, 당연히 줘야지. 네가 갈 건데 아무렴 내가 기도할 시간을 줘야지."

"얼마나 하면 될까요?"

"아, 시간이 좀 필요하겠지! 내가 차 한 잔 마실 동안 10분 내로 빨리 기도하고 나가면서 얘기해줘."

"예?"

"아니, 왜? 10분이면 되지 않아? 뭐 하나님의 사인(sign)이 나나 너나 다르겠니? 우리가 한 선교회 안에 있는데. 하나님이 내게 그런 환상을 보여주고, 내게 마음을 주고 너를 생각나게 하셨는데, 너에게도 같지 다를 게 있겠니? 그렇지? 일주일을 기도한다고? 너는 일주일 기도로 볼지 몰라도 나는 그것을 일주일 불순종으로 본다. 한 달을 기도한다고? 그럼 안 보내. 한 달을 불순종하는 인간을 선교지에 보낼 수야 없지. 한 달 기도하고 다른 데 가라."

그러자 후배 목사가 막 웃었다.

"방글라데시 단기 선교도 형님이 가라고 해서 갔습니다. 가겠습니다."

그리고 가서 선교하고 있다. 순종은 머리 굴린다고 나오는 게 아니다. 굴려봤자 계산밖에 안 나온다. 아브라함이 이삭을 바칠 때 계산했을 것 같은가? 아브라함도 모리아 산에 가봐야 아는 것이다. 모리아 산에 가서 만난 양이 '여호와 이레'의 전부가 아닌 것처럼 우리는 하나님의 일하심이 어디까지인지 다 모른다.

그곳은 다윗이 아라우나에게 그의 타작마당과 소를 사서 하나님께 예배를 드린 곳이고, 후일 솔로몬의 성전이 세워진 곳이고, 예수 그리스도의 십자가가 완성되는 놀라운 땅이다. 하나님은 아브라함이 독자(獨子) 이삭까지 바친 그의 믿음과 순종을 보시고 그 땅을 놀라운 땅이 되게 하셨다.

권위자에게 순종하는 문제

🌿 지금까지 룻도 지극히 순종해왔지만 그것이 어떤 순종인지 다 알 수 없었다. 하나님의 기업을 잇게 되는 순종인지 전혀 생각하지 못했다. 보아스가 눕는 곳으로 가서 발치 이불을 들고 거기 누으라는 시어머니의 말에 발끈해서 "어머니, 저를 창녀 취급하세요? 아니 들키면 어떡해요? 모욕을 당하면 어떡해요?"라고 말하지 않았다. "아니, 미쳤어요?" 하고 고향으로 돌아가지 않았다. 어머니의 말씀대로 다 하겠다고 한다.

룻은 나오미를 섬기려고 왔다. 그런데 나오미를 섬긴다는 것은 이삭을 주워 공양하는 것만을 의미하는 것이 아니다. 나오미의 말과 권위에 따르겠다는 뜻이다. 그것이 순종이다. 만일 권위자가 잘못하면 그것은 하나님이 그 권위자에게 징벌하실 것이다. 대표적인 예가 다윗이다.

다윗은 사울에게 충성했다. 사울이 잘못해도 그를 벌할 수 있는 것은 오직 하나님 한 분뿐이라 여겨 사울을 죽일 수 있는 기회가 왔지만 죽이지 않고 살려준다. 심지어 사울의 옷자락을 벤 것마저 후회했다.

"길가 양의 우리에 이른즉 굴이 있는지라 사울이 뒤를 보러 들어가니라 다윗과 그의 사람들이 그 굴 깊은 곳에 있더니 다윗의 사람들이 이르되 보소서 여호와께서 당신에게 이르시기를 내가 원수를 네 손에 넘기리니 네 생각에 좋은 대로 그에게 행하라 하시더니 이것이 그 날이니이다 하니 다윗이 일어나서 사울의 겉옷 자락을 가만히 베니라 그리 한 후에 사울의 옷자락 벰으로 말미암아 다윗의 마음이 찔려 자기 사람들에게 이르되 내가 손을 들어 여호와의 기름부음을 받은 내 주를 치는 것은 여호와께서 금하시는 것이니 그는 여호와의 기름부음을 받은 자가 됨이니라 하고 다윗이 이 말로 자기 사람들을 금하여 사울을 해하지 못하게 하니라 사울이 일어나 굴에서 나가 자기 길을 가니라"(삼상 24:3-7).

사울이 다윗을 쫓다가 굴로 큰 일을 보러 들어갔다. 용변을 보는 자세로 앉아 있는 사람을 뒤에서 칼로 찌른다면 제아무리 큰 장수라도 피할 수 없을 것이다. 다윗의 부하들도 이를 보고 다윗에게 드디어 하나님께서 원수를 처치하도록 천재일우(千載一遇)의 기회를 주셨다고 말했지만 다윗은 몰래 그의 겉옷 자락만 베었다. 겉옷 자락만 벤 일로도 마음이 찔려 한다. 다윗이 얼마나 하나님의 마음에 합한 자인지 알겠는가?

모든 사람들이 사울을 죽이라고 해도 다윗은 이 문제를 하나님 앞에서 생각했다. 하나님의 손에 맡겼다. 그 후 진영 안에서 깊이 잠든 사울을 보았을 때에도 다윗은 역시 그를 죽이지 않았다. 자신이 하나님의 기름부음 받은 자를 죽일 수 없다는 것이다. 이때는 옷조차 베지 않고 머리맡의 창과 물병만 가지고 나온다.

다윗은 사람에게가 아니라 하나님 앞에서 순종한 순종의 사람이었다. 룻 또한 하나님 앞에서 순종한 여인이었다. 룻이 나오미에게 순종한 것은 나오미가 하나님이 자신에게 주신 권위자임을 인정하고 나오미가 하는 어떠한 말에도 순종한 것이다.

하나님 앞에서 온전히 순종하며 산 룻을 통해서 하나님께서 기업을 일으켜주셨다.

하나님이 하셨다는 자랑

룻의 결혼 요청

보아스가 곡식 단 더미의 끝에 눕는 것을 본 룻이 '가만히 가서' 그의 발치 이불을 들고 거기 누웠다. 이때 룻이 얼마나 떨었을지 상상해보라. 그런데 보아스가 코를 골면서 아침까지 세상모르고 잤다면 어떻게 될까?

하지만 하나님은 그렇게 하지 않으셨다. 한밤중에 보아스가 일어나 몸을 돌이켜 보고 놀랐다. 하나님께서 자기 발치에 누워 있는 여인을 보여주셨기 때문이다.

7 보아스가 먹고 마시고 마음이 즐거워 가서 곡식 단 더미의 끝에 눕는지라 룻이 가만히 가서 그의 발치 이불을 들고 거기 누웠더라 8 밤중에 그가 놀라 몸을 돌이켜 본즉 한 여인이 자기 발치에 누워 있는지라 9 이르되 네가 누구냐 하니 대답하되 나는 당신의 여종 룻이오니 당신의 옷

자락을 펴 당신의 여종을 덮으소서 이는 당신이 기업을 무를 자가 됨이
니이다 하니

룻기 3:7-9

보아스가 여인에게 누군지 묻자 룻이 "나는 당신의 '여종' 룻이오
니 당신의 옷자락을 펴 당신의 '여종'을 덮으소서 이는 당신이 기업
을 무를 자가 됨이니이다"라고 한다. 이때 나오는 '여종'이라는 단
어는 룻기 2장 13절에서 "내 주여 내가 당신께 은혜 입기를 원하나
이다 나는 당신의 '하녀' 중의 하나와도 같지 못하오나 당신이 이
'하녀'를 위로하시고 마음을 기쁘게 하는 말씀을 하셨나이다"라고
한 '하녀'라는 단어와 비교해볼 수 있다. '하녀'라는 단어는 보아스
와 결혼할 수 있는 자격이 안 되는 최하층 계층을 가리킨다. 진짜
하녀를 말한다. 하지만 '여종'이란 부인이나 첩으로 결혼할 수 있는
자를 말한다.

장관은 높은 직위다. 하지만 왕 앞에 갔을 때 장관은 자신을 가리
켜서 "당신의 종"이라는 표현을 쓴다. 그러니까 종이라는 단어 자
체가 낮은 것이라기보다 왕 앞에서 자신을 낮추는 표현인 셈이다.
이와 같이 지금 룻은 보아스에게 당신보다는 낮은 신분이지만 결혼
할 수 있는 자격이 있음을 말하고 있다.

이로써 룻은 자신이 보아스를 꾀려고 온 것이 아니라 보아스가
기업 무를 자가 되기 때문에 왔다는 것을 밝히고 있다.

¹⁰그가 이르되 내 딸아 여호와께서 네게 복 주시기를 원하노라 네가 가난하건 부하건 젊은 자를 따르지 아니하였으니 네가 베푼 인애가 처음보다 나중이 더하도다 ¹¹그리고 이제 내 딸아 두려워하지 말라 내가 네 말대로 네게 다 행하리라 네가 현숙한 여자인 줄을 나의 성읍 백성이 다 아느니라

롯기 3:10,11

믿음의 삶이 있는 여인

🌿 룻이 보아스에게 기업 무를 자가 됨을 고했지만 룻은 여전히 두려웠을 것이다. 나오미의 말에 순종해서 여기까지 왔다. 하지만 여자가 먼저 가서 청혼을 하는 셈이니 어떻게 두렵지 않았겠는가. 이에 보아스는 "내 딸아 여호와께서 네게 복 주시기를 원하노라"라는 말로 룻을 편안하게 해준다.

그런 다음 보아스가 하는 말이 매우 흥미롭다. "네가 가난하건 부하건 젊은 자를 따르지 않았다"라고 한다. 이 말은 룻이 젊은 여인인 만큼 룻에게 청혼한 젊은 자가 있었을 텐데도 그렇게 하지 않았다는 것이다. 자신의 행복을 좇지 않고 여전히 나오미와의 약속을 지키고 있는 룻을 칭찬한다.

두 번째로 룻이 베푼 인애를 칭찬하는데 그 인애가 처음보다 나중이 더하다는 것을 칭찬한다. 그럼 왜 처음보다 나중이 더한가? 룻이

처음 베풀었던 인애는 말론과 결혼한 것이다. 그리고 남편이 죽은 뒤 시어머니 나오미를 따르고 섬긴 것이다. 그러면 나중에 더하다는 것은 무엇인가? 바로 지금 말론의 기업을 잇고자 하는 것을 말한다.

또 보아스는 룻이 현숙한 여자라는 것을 성읍 백성이 다 안다고 칭찬한다. 처음에는 이방 여인으로만 알았는데, 룻에게 참된 신앙고백이 있고, 여호와를 따라왔고, 이삭줍기를 하며 나오미를 섬기는 모습을 보니 룻이 믿음의 삶이 있는 여인이라는 것을 알겠다는 것이다. 룻은 편하려고 나오미를 따른 것이 아니다. 행복해지려고 젊은 자를 따르지도 않았다. 룻기 1장에서 나오미에게 했던 고백대로 살기 위해, 그것을 지키기 위해 온 것이다.

"어머니께서 가시는 곳에 나도 가고 어머니께서 머무시는 곳에서 나도 머물겠나이다 어머니의 백성이 나의 백성이 되고 어머니의 하나님이 나의 하나님이 되시리니 어머니께서 죽으시는 곳에서 나도 죽어 거기 묻힐 것이라 만일 내가 죽는 일 외에 어머니를 떠나면 여호와께서 내게 벌을 내리시고 더 내리시기를 원하나이다 하는지라"(룻 1:16,17).

한결같음의 싸움

룻은 보아스가 말한 대로 그녀가 현숙한 여자인 줄 성읍 백성이 다 알 정도로 자신에게 주어진 삶을 성실하게 살아갔다. 나오미가 데려온 모압 여인은 사람들 사이에서 금세 화제가 되었을 것이다. 룻은 가난하건 부하건 젊은 자를 따르지 않았고 땀 흘리며 수고했다. 보아스가 보기에도 룻의 모든 행실이 현숙했다.

우리에게도 모든 사람이 인정할 만한 한결같음이 있어야 한다. 믿음과 정절과 태도가 한결같아야 한다. 한번은 중앙우체국 앞에서 친구를 기다렸다. 한참 오지 않는 친구를 기다리다가 뒤를 돌아보았을 때, 내 눈에 선명하게 들어온 글귀 하나가 있었다.

"눈이 오나 비가 오나!"

집배원 하면 떠오르는 상징적인 문구다. 눈이 오나 비가 오나 변함없이 편지를 나른다는 뜻일 텐데, 그때 나는 그 글귀에 충격을 받았다. 하나님께서 충격을 주신 것 같았다.

"집배원보다 못한 신앙이 되지 마라. 눈이 온다고 핑계 대고, 비가 온다고 핑계 대면서 하나님 앞에 한결같이 나아가지 않는 모습, 변명하고 말 바꾸고 자기의 편함을 따라가는 신앙을 하지 마라"라고 말씀하시는 것 같았기 때문이다.

그 청년의 때에 나도 다짐했다.

"하나님, 제가 눈이 오나 비가 오나 한 번 맡았으면 끝까지 하겠습니다. 기도하면서 끝까지 하나님의 일을 하겠습니다."

나는 무슨 일이 있어도 금요철야, 주일예배에 빠지지 않고 지키기 위해, 눈이 와도 비가 와도 내가 하나님을 바라보고, 하나님 안에

거하기 위해 애썼다.

룻은 현숙한 여자다. 하나님을 향한 고백이 있다. 능력이 없어도 하나님을 향한 발걸음이 있고 한결같다. 모든 사람들이 그것을 인정하게 되었다. 믿음의 삶이란 바로 이 한결같음의 싸움이다.

11절에서 보아스가 룻에게 "내 딸아 두려워하지 말라 내가 네 말대로 네게 다 행하리라 네가 현숙한 여자인 줄을 나의 성읍 백성이 다 아느니라"라고 말한 것은 룻이 보아스의 발치 이불을 들고 누운 것이 기업을 잇기 위한 것이며, 그것을 두려워하는 룻의 마음을 헤아려 이제부터는 보아스의 열심이 시작됨을 알리고 있다.

이제 하나님의 열심이 시작되었다.

세상을 끊는 신앙

신앙생활은 편하기 위해서 하는 것이 아니다. 우리가 예수님을 믿었는데 편하다는 것은 말이 안 된다. 예수님을 믿고 교회 안에 있는 우리가 세상 사람처럼 놀 수 있다고 생각하는가? 나는 불교 집안 출신으로 세상으로부터 온 사람이고 세상이 어떻다는 것을 잘 안다. 그렇기 때문에 나는 교회 다니면서 논다고 하는 사람을 보면 가소롭다. 왜냐하면 그것은 제대로 노는 것이 아니기 때문이다.

진정한 날라리는 세상에 있다. 정말 멋지게 논다. 그런데 교회 다니면서 논다는 사람은 놀면서도 켕겨 한다. 주일에 빠지고 놀아도 마음이 불편하다. 예수님을 믿기 전에 세상에서 좀 놀았다는 사람도 지금 놀라고 하면 제대로 못 논다. 놀아도 찜찜하다. 갈 데까지 못 간다.

그러면 뭔가? 제대로 놀지도 못하고 제대로 신앙생활도 못한다. 이것도 못하고 저것도 못하는 찌질이 인생, 찌질이 신앙이 좋은가? 우리가 세상으로 가지 못할 것 같으면 방법은 하나다. 이제 우리는 말씀과 은혜를 충만하게 누려야 행복할 수 있는 사람이 되었다. 어쩔 수 없다. 화끈하게 놀지 못할 바에야 영적으로 가야 한다.

하나님 앞에서 믿음으로 산다는 것은 세상에 대한 소망을 끊는 것이다. 편한 것이 아니다. 죄악의 낙(樂)은 만만하지가 않다. 룻이 가난하건 부하건 젊은 자를 따르지 않았다는 것은 놀라운 신앙이다.

우리가 편한 것을 좇으면 사탄이 얼마나 공격하기 쉬운지 모른다. 예화를 하나 소개하면, 물병이 두 개 있다. 사탄이 어떤 사람 앞에 나타나 이렇게 말한다.

"한 쪽 물병에는 독이 있고 다른 한 쪽에는 독이 없다. 복불복(福不福), 먹었는데 살면 100억을 주고, 죽으면 어쩔 수 없지! 해볼래?"

그가 속으로 '인생도 구질구질한데, 그래 먹자' 하고 먹었는데 물을 먹었다. 그날로 통장에 100억이 입금되었다. 신나고 편하게 살았다. 그런데 돈이 떨어졌다.

그때 그 앞에 다시 사탄이 나타났다.

"한 번 더 할래?"

또 한 번 했는데 이번에도 물을 먹었다. 그의 통장에 또다시 100억이 들어왔다. 이 사람이 얼마나 운이 좋았느냐 하면 70세가 되도록 이렇게 돈이 들어와서 떵떵거리고 편하게 살았다.

그의 앞에 사탄이 나타났다.

"자, 마지막으로 한번 할래?"

막말로 이번에도 물을 먹으면 죽을 때까지 편하게 살 수 있다.

'지금껏 평생 잘 살아왔는데 이제 와서 거지처럼 살 수 없지. 한 번 더 하자.'

그런데 이번에도 또 물을 먹었다. 그가 이렇게 소리쳤다.

"와, 나는 행운아다!"

그러자 사탄이 그에게 말했다.

"너는 진짜 행운아다!"

그러더니 반대편에 있던 물병의 물을 벌컥벌컥 마셨는데도 멀쩡했다.

"어? 독 없어?"

"지금까지 독이 든 물병은 하나도 없었어. 나는 네가 하나님을 위해서 살지 않고 세상으로 가서 살 수만 있다면 모든 것을 줄 수 있어!"

사탄이 가장 두려워하는 것은 그리스도인이 영향력을 발휘하는 것이다. 교회가 거룩한 영향력을 발휘하게 되는 것을 두려워한다. 사탄은 지금도 "너희끼리 신앙생활 해라. 너희끼리만 예배하라"고

속삭인다. 우리가 세상에서 편히 살기 원한다면 사탄은 우리에게 원하는 돈을 주고 원하는 건강을 줄 수 있다. 그러면 돈과 건강이 있으니까 그만이라고 생각하는가? 우리는 편한 것을 좇는 사람들이 아니다. 하나님의 영광을 위해 자기 십자가를 져야 한다.

"누구든지 나를 따라오려거든 자기를 부인하고 자기 십자가를 지고 나를 따를 것이니라"(마 16:24).

자기 십자가를 지고 주님을 따르는 일이 쉬운가? 그렇지 않다. 어렵다. 그런데 아름답다. 왜냐하면 그가 하나님의 사람이요, 하나님의 통로로 하나님이 쓰시기 때문이며, 하나님이 그 인생을 인정해 주시기 때문이다. 편한 것을 좇지 말라. 편한 것을 좇으면 사탄은 분명히 우리에게 편한 것을 제공할 것이다. 우리는 편한 것을 좇지 않고 말씀과 주님을 좇아야 한다. 주님을 위해 고난 받기로 하고 주님을 따른 사람이 바로 룻이다.

"도리어 하나님의 백성과 함께 고난 받기를 잠시 죄악의 낙을 누리는 것보다 더 좋아하고"(히 11:25).

믿음을 지킬 때 권위를 주시는 하나님

젊은 청혼자를 따라 편한 것을 좇지 않은 룻에게 보아스는 그 헌신이 처음보다 나중이 더하다고 칭찬했다. 나는 우리의 신앙이 이래야 된다고 생각한다. 룻의 신앙이 갈수록 아름답다. 별안간 뜨거웠다가 금세 식는 신앙을 하지 말라. 용두사미(龍頭蛇尾)가 되어서는 안 된다. 감정으로 신앙하지 않고 말씀 안에서 하나님 앞에 한 걸음, 한 걸음 복음을 따라가는 신앙이 주님이 보시기에 처음보다 나중이 더한 신앙이다.

이런 룻이기에 하나님이 드러내고 싶으신 것이다. 멋진 여인이다. 여호와의 총회에 들어오지 못하는 저주받은 모압 여인이지만 은혜를 아는 이 여인을 하나님께서 크게 기뻐하신다. 어려워도 지켜간다. 원망하지 않고 편한 길을 좇지 않고 그 믿음을 지켜간다. 그랬기 때문에 모든 사람이 인정할 만한 신앙이 된다.

보아스가 룻에게 말한 대로 룻은 성읍 백성이 다 알 정도로 행했고 그 일이 룻에게 권위를 부여해주었다. 내가 목사가 된 다음 자랑스러워하는 일이 있다. 나는 마냥 착한 사람이 아니다. 그냥 봐도 그리 착해 보이지는 않는다. 아이들에게 집안일도 분담시키고 큰소리로 야단도 친다. 그래도 우리 아이들이 내게 아무 말 못하는 이유가 있다.

할머니가 오셔서 아이들에게 "너희 아버지는 착하다", "너희 아버지는 한 번도 부모가 시키는 일을 거역한 적이 없었다"라고 말씀하신다. 그러면 우리 아이들이 어이없어 한다.

우리는 아들만 사형제다. 어머니가 미역국을 한 솥 끓여놓고 나가시면 형제들 중에서 내가 밥상 차리고 설거지하고 연탄 가는 일을 다 했다. 형님이 열두 시에 라면을 끓이라고 할 때도 끓여줬다. 나는 주일에 예배드리러 교회에 가기 위해 6일 동안 찍소리 없이 집 안에서 봉사했다. 믿지 않는 집안에서 내가 큰소리를 내거나 싸우거나 난리를 피운 적이 없었다. 입 다물고 참았다.

그런데 내가 목사가 된 순간 "남국이는 잘할 거야", "맞아, 남국이는 착해", "저런 애가 목사가 되어야 해" 이런 말이 불교 신자인 친척들의 입에서 나왔다. 나는 입 다물고 묵묵히 참고 작은 일로 섬겼을 뿐인데 하나님께서는 이 일을 모든 친척들이 알게 하시고 복음 전하는 일에 사용하셨다. 사람인데 혈기가 올라오는 일이 왜 없겠는가? 시기 질투가 왜 없겠는가? 하지만 하나님 때문에 혈기로 하지 않고 참을 때 하나님께서 친히 갚으신다.

나는 요즘 운전할 때 클랙슨을 울리지 않으려고 노력한다. 사람이 자동차를 타면 제 성질이 나온다. 길에서 사람이 사람을 앞지르거나 조금 부딪히게 되면 그때는 서로 눈인사도 하면서 양해를 구한다. 그런데 차는 경우가 다르다. 차가 끼어들면 그 순간에는 마치 성화의 작용이 일어나지 않는 것 같다. 그래서 운전할 때마다 계속해서 속으로 이렇게 되뇐다.

'빵빵거리지 말자. 성질대로 하지 말자. 내가 참아야 하느니라.'

한번은 설교하러 가는데 어떤 차가 너무 위험하고 거침없이 내 차 앞으로 끼어들어왔다. 그러더니 계속해서 내 앞을 막고 갔다. 나도 운전이라면 꽤 하는데 경적을 울려서 주의를 준 다음 앞질러 갈까 하는 생각도 들었다. 그래도 설교를 해야 한다는 생각으로 참고 참으면서 계속 갔다. 그런데 이 차가 마침 내가 설교하러 가는 교회의 주차장으로 들어가는 것이 아닌가. 같은 주차장으로 들어가서 차를 주차한 뒤 내렸다. 그리고 내가 강단에 올라가서 설교를 했다.

그때 내가 얼마나 감사했는지 모른다. 내 성질대로 "빠앙" 하고 경적을 울렸다면 어땠을까? 그런 다음 내가 "여러분, 참아야 합니다. 사랑해야 합니다" 이런 설교를 했다면 아마 그 설교는 그 사람에게 씨알도 먹히지 않는 얘기가 될 것이다. 내가 참고 조용히 따라온 일, 그 일이 목사로서 내가 하는 설교에 권위를 주었다.

하나님께서 우리의 삶을 어떻게 사용하실는지 우리는 모른다. 내가 한번 참은 일, 그것을 하나님께서 어떻게 복(福)으로 바꿔서 사용하실지 지금으로서는 알 수 없다. 그런데 하나님은 그렇게 할 수 있는 분이시고, 그렇기 때문에 우리도 성질대로 하지 않는 것이다. 우리가 우리 성질대로 하면 그 성질로 망하고 믿음으로 참으면 하나님이 높이시는 것, 그것이 신앙생활이다.

나오미의 지혜

그런데 12절의 보아스의 말이 긴장 관계를 일으킨다. 보아스에게만 가면 모든 일이 다 해결될 줄 알았는데 기업 무를 자로서 보아스보다 더 가까운 사람이 있다는 것이다.

¹² 참으로 나는 기업을 무를 자이나 기업 무를 자로서 나보다 더 가까운
사람이 있으니

룻기 3:12

그러면 나오미는 왜 보아스에게 룻을 보냈을까? 혹시 더 가까운
근족이 있다는 것을 나오미가 몰랐던 걸까? 아니다. 알았다. 하지만
나오미는 보아스가 하나님의 마음을 가진 것을 알았고, 그가 움직
여주어야 일이 성사되리라는 것을 알았다.

나오미는 보아스를 통해 하나님의 은혜가 흘러가는 흐름을 간파
했다. 첫 번째로 기업 무를 자가 있다는 것을 알았지만 먼저 그 근
족을 찾아가지 않은 것도 하나님의 인도하심 가운데 분별한 것이
다. 첫 번째로 기업 무를 자가 '무르려면 무르려니와' 그렇지 않다
면 보아스가 반드시 무를 것을 알았던 것이다. 처음부터 첫 번째로
기업 무를 자에게 갔다가 일이 어그러질지도 모른다는 것을 알 만
큼 나오미에게 분별력과 지혜가 있었다는 말이다.

흔히 모세의 어머니 요게벳이 아기 모세를 갈대 상자에 담아 나
일 강에 띄워 보냈더니 놀랍게도 그 상자가 이집트 공주의 손에 미
끄러지듯이 들어갔다는 식으로 설명할 때가 있다. 하지만 그것은
판타지이자 뻥이다. 요게벳은 모세를 넣은 갈대 상자를 나일 강에
무작정 띄워 보내지 않았다.

때는 애굽의 바로가 갓 태어난 히브리 남자아이를 모두 나일 강에 던지라고 한 그때다. 요게벳은 모세를 낳고 더 이상 숨길 수 없게 되자 이 아이를 살릴 수 있는 방법이 뭔지 구했을 것이다. 무작정 나일 강에 띄워 보냈다면 어디로 떠내려갈지, 누가 아이를 건질지, 죽을지 살지 도무지 알 길이 없다.

요게벳은 아기를 죽이려고 하는 바로의 권력을 피해 살 수 있으려면 공주의 은혜를 입어야 한다는 것을 잘 알고 있었다. 그렇기 때문에 공주가 목욕하러 오는 강가를 알아두었다가 그 갈대 사이에 상자를 갖다놓은 것이다. 요게벳은 공주의 은혜를 입게 되도록 하나님께 간절히 기도했을 것이다. 그 일이 어떻게 될지 미리암에게 지켜보게 했고, 도리어 공주에게 아기에게 젖을 먹일 유모로 어머니를 불러서 결국 모세가 어머니의 양육을 받으며 자라날 수 있게 된 것이다. 얼마나 지혜로운가.

나오미에게도 바로 이 지혜가 있었다. 우리가 왜 말씀 안에 있어야 하고 왜 기도해야 하느냐 하면 그 안에 생명력이 있고 거기서 능력과 지혜와 힘이 생기기 때문이다. 말씀과 기도 안에 분별력이 있다.

흔히 술 담배가 안 되고 사탄의 부흥회와도 같은 영화나 공연에 가지 말라고 하는 것은 다 이유가 있다. 잘못된 문화를 통해, 우리가 보고 듣고 접하는 것을 통해, 사탄은 우리가 모르는 것들을 심어놓는다. 이를테면 귀신을 두려워하거나 아예 무시하는 등 영적으로 다른 관점을 갖게 하는데 이것이 매우 위험하다. 우리 안에 예수의 생명력이 있다면 이길 수 있지만 없으면 금세 오염되고 만다. 넘어진다.

"근신하라 깨어라 너희 대적 마귀가 우는 사자같이 두루 다니며 삼킬 자를 찾나니"(벧전 5:8).

위조지폐 감별사는 위조지폐를 보고 진짜 가짜 구별하는 법을 배우지 않는다. 가짜를 보면 더 헷갈리기 때문이다. 그들은 진짜만 본다. 진짜만 봐서 진짜가 뭔지 정확히 알면 어떤 가짜를 보더라도 비교해서 다 구별해낸다. 가짜, 가짜, 가짜 하다보면 가짜를 쫓다가 망하게 된다. 그래서 정확한 진짜, 정확한 말씀을 보고 분별해가야 한다.

지금 나오미에게 이 지혜가 흘러가고 있다. 보아스로부터 시작된 지혜, 하나님의 은혜의 흐름을 분별하는 지혜가 나오미에게도 있었다.

13 이 밤에 여기서 머무르라 아침에 그가 기업 무를 자의 책임을 네게 이행하려 하면 좋으니 그가 그 기업 무를 자의 책임을 행할 것이니라 만일 그가 기업 무를 자의 책임을 네게 이행하기를 기뻐하지 아니하면 여호와께서 살아 계심을 두고 맹세하노니 내가 기업 무를 자의 책임을 네게 이행하리라 아침까지 누워 있을지니라 하는지라 14 룻이 새벽까지 그의 발치에 누웠다가 사람이 서로 알아보기 어려울 때에 일어났으니 보아스가 말하기를 여인이 타작마당에 들어온 것을 사람이 알지 못하

여야 할 것이라 하였음이라 ¹⁵ 보아스가 이르되 네 겉옷을 가져다가 그것을 펴서 잡으라 하매 그것을 펴서 잡으니 보리를 여섯 번 되어 룻에게 지워 주고 성읍으로 들어가니라 ¹⁶ 룻이 시어머니에게 가니 그가 이르되 내 딸아 어떻게 되었느냐 하니 룻이 그 사람이 자기에게 행한 것을 다 알리고 ¹⁷ 이르되 그가 내게 이 보리를 여섯 번 되어 주며 이르기를 빈 손으로 네 시어머니에게 가지 말라 하더이다 하니라 ¹⁸ 이에 시어머니가 이르되 내 딸아 이 사건이 어떻게 될지 알기까지 앉아 있으라 그 사람이 오늘 이 일을 성취하기 전에는 쉬지 아니하리라 하니라 룻기 3:13-18

하나님의 사인

보아스는 더 가까운 사람이 기업 무를 자의 책임을 이행하지 않으면 그때 자신이 책임을 이행하겠다고 말한다. 룻은 새벽까지 거기 누워 있었다. 여인이 타작마당에 들어온 것을 사람이 알지 못하게 돌아가도록 하라는 보아스의 말대로 한 것이다.

성읍으로 돌아온 룻은 보아스가 자신에게 한 일을 시어머니 나오미에게 낱낱이 고한다. 또 룻은 보아스가 보리를 여섯 번 되어주면서 한 말을 나오미에게 전한다.

"빈손으로 네 시어머니에게 가지 말라."

그러면 룻기 1장 20,21절 말씀이 떠오를 것이다.

"나오미가 그들에게 이르되 나를 나오미라 부르지 말고 나를 마라라 부르라 이는 전능자가 나를 심히 괴롭게 하셨음이니라 내가 풍족하게 나갔더니 여호와께서 내게 비어 돌아오게 하셨느니라 여호와께서 나를 징벌하셨고 전능자가 나를 괴롭게 하셨거늘 너희가 어찌 나를 나오미라 부르느냐 하니라"(룻 1:20,21).

풍족하게 나갔지만 비어 돌아온 자, 자신을 나오미라 부르지 말고 마라라 부르라고 하는 그녀에게, 보아스는 빈손으로 가지 말라고 하면서 보리를 여섯 번이나 되어준다. 보아스는 지금 하나님의 은혜의 통로의 상징으로 나오미와 룻을 위로하고 있다.

오직 참 의지하는 예수

기업을 무르기 위해 룻을 보내놓고 나오미는 기도했을 것이다. 만일 이 집안의 기업이 이어지지 않으면 더 이상 안식이 없다. 그렇기 때문에 보아스의 마음에 의지하게 되고 하나님이 그를 통해 역사해주셔야만 하는데, 그 보아스가 나오미와 룻에게 빈손으로 보내지 않는 은혜를 베풀어준 것이다.

이것은 하나님의 마음이다. 채워주실 것이라는 증거다. 따라서 보아스가 되어준 보리는 단순한 물질 그 이상이다. 하나님이 우리의 삶에 안식과 은혜를 주기로 작정하셨다는 것을 경험하는 것은 성도의 힘이 된다. 우리는 하나님이 하시는 일, 하나님이 주시는 것을 맛봐야 힘이 난다.

신학교에 다닐 때, 예배시간에 많은 목사님들이 와서 말씀을 전해주셨다. 그때 나는 큰 교회 목사님 중에서 교회성장의 과정을 이야기할 때 공통적으로 하는 말을 발견했다. 어느 교회나 성도 중에 집을 팔거나 많은 물질로 헌신한 분이 있다는 것과 좋은 프로그램을 통해서 성장했다는 말이다.

나는 이 말들을 들으면서 참 의아했다.

'왜 목사님들이 우리 교회에 이런 성도가 있다고 자랑할까? 왜 그 성도가 이만큼 바쳤다고 말할까? 왜 하나님이 하셨다는 자랑이 없을까? 왜 교회에 이런 프로그램, 저런 세미나가 있어서 성장했다고 하지? 교회성장에 왜 말씀이 없지?'

그리고 개척을 시작하면서 나는 이렇게 다짐했다. 큰 교회로 성장하지 못해도, 유명한 목사가 못 될지라도 말씀으로 자라는 교회가 되기를 소망했다. 어떤 장로님이나 집사님이 집을 팔아서 자라난 교회가 아니라 하나님이 하셨다고 자랑하는 교회가 되길, 어떤 좋은 프로그램으로 성공한 교회가 아니라 오직 말씀으로만 자라는 교회가 있다는 것을 보여주고 싶었다. 최근 교회를 이전하기 위해 상가를 살 때 우리는 모두 헌금을 무명으로 약정했다. 하나님 앞에서 스스로 지키기로 했다. 그 과정 속에서 우리 성도들이 "하나님이 하셨어!"라고 하는 고백을 들었을 때 나는 정말 감사했다.

또한 우리 교회는 예배, 성경공부, 제자훈련밖에 없다. 예배도 많지 않고 프로그램도 없다. 하지만 열심히 말씀을 준비한다. 그리고 성경을 가르친다. 나는 우리 교회가 정말 좋은 교회라고 생각한다. 성도는 목사인 나를 사랑하고 나도 성도를 깊이 사랑한다. 나는 성도를 사랑하지만 성도를 의지하지는 않는다. 나는 이것을 인생에서 배웠다. 내 삶이 오직 하나님만 의지할 수밖에 없는 상황 가운데서 채우시는 하나님을 경험했기 때문이다.

나는 우리 교회 성도들이 말씀 안에서 자라나 주님을 닮아가길 기도한다. 하지만 그것은 저절로 되는 것은 아니다. 하나님의 은혜를 체험하고 말씀을 사랑해야 한다. 왜냐하면 하나님이 주신 말씀을 사랑하고 은혜를 체험하지 못한다면 결국 사람과 세상을 두려워하게 되어 있기 때문이다.

하나님의 이름에 생명을 거는 사람

신학교 다니는 내내 나는 등록금을 제때에 낸 적이 없는 사람이다. 김남국 하면 등록금 늦게 내는 것으로 유명했다. 신학교에는 가난한 신학생이 많아서 그랬는지 등록금을 제때 내지 못하고 새 학기 수업을 듣는다 해도 당장 자르거나 하지는 않았다. 하지만 언제 낼 것인지 만날 불려가기는 한다. 그럴 때 내 대답은 언제나 같았다.

"기도하고 있어요."

신기하게도 하나님께서 한 학기가 거의 끝나기 직전, 방학이 시작되기 전에는 꼭 등록금을 내게 해주셨다. 방학하기 이틀 전에 그 학기 등록금을 낸 적도 있다. 그런데 한번은 내게 전화가 걸려왔다. 신학생을 후원하기로 기도하고 있다는 분이라고 했다. 자신의 사촌도 신학생인데 기도하면 사촌이 아니라 내가 생각난다고 하면서 신학교를 졸업할 때까지 등록금을 대주겠다고 하시는 것이 아닌가. 할렐루야! 그래서 만나서 다음 달에 등록금이 나오면 연락하기로 하고 헤어졌다. 나는 그 즉시 내게 이런 은혜가 있어서 나를 도와줄 필요가 없게 되었음을 지인(知人)들에게 알렸다.

그런데 등록금을 낼 달에 그 분에게 전화가 왔는데, 다시 한번 기도해보겠다는 것이다. 그러면서 나와 관계가 있는 어떤 분과 서운한 일이 있었다면서 전화로 길게 그 일의 자초지종을 설명하는 것이 아닌가. 나는 전화를 끊은 다음 기도했다. 그리고 그 분을 찾아갔다.

나는 먼저 이렇게 말씀드렸다.

"먼저 제 말부터 들어주셨으면 합니다. 지금 저는 나이를 떠나서 전도사가 집사님께 말씀을 전하고자 합니다. 일단 그 돈은 받지 않겠습니다. 저를 후원해주지 않아도 됩니다. 다만 부탁드리고 싶은 것이 있습니다.

저는 목사가 되기로 결정하고 신학교에 갔습니다. 저는 그렇게 하나님의 영광을 위해 제 삶을 드렸습니다. 이 길을 갈 때 저는 물질을 포기했고, 내 인생의 유익을 포기했습니다. 그런 신학생을 돈으로 힘들게 하지 마십시오. 사촌이 신학생인데 하나님이 저를 생각나게 하셔서 기도 응답으로 받으셨다고 하셨지요?

그런데 다른 분과 섭섭한 일이 있어서 다시 기도해보면 이번에는 하나님이 뭐라고 응답하실까요? 하나님이 주라고 그러셨다가 다시 아니라고 하실까요? 우리 하나님은 그럴 분이 아닙니다. 제가 등록금을 거절한 것은 자존심을 부리는 게 아닙니다. 등록금보다 더 중요한 하나님의 이름이 걸려 있기 때문입니다. 저는 하나님의 이름이 걸린 일에 생명을 거는 사람입니다. 하나님의 이름이 모독을 당하면 안 됩니다. 하나님의 기도 응답이 사람 때문에 왔다 갔다 한다면 하나님의 이름이 모독을 당하게 됩니다.

주의 종을 시험하시면 안 됩니다. 그렇잖아도 힘들게 이 길을 가는 사람입니다. 앞으로 신학생을 후원하실 때는 몰래 헌금함에 넣거나 담임목사님을 통해서 후원하십시오. 직접 하지 마세요. 혹 후원을 했을망정 이 땅에서 칭찬을 다 받으면 하나님께 받을 상급이 없을 것입니다. 다시 기도하시고 후원자를 정하시되 은밀히 하시기 바랍니다."

말을 마치고 그 자리를 나와서 하나님을 향해 말했다.

"하나님, 잘했지요?"

빈손으로 보내지 않는 하나님

문제는 이미 모든 사람들에게 후원자가 생겼다고 알렸기 때문에 새 학기가 되도록 도와주겠다는 사람이 단 한 명도 없었다는 사실이다. 나는 다시 하나님 앞에 기도했다.

"하나님, 어떻게 이런 일을 만드십니까? 도대체 뭘 가르치시려고 그러십니까?"

나는 계속 기도만 했다. 한 달쯤 지났을 때 내게 제자훈련을 받은 여자 후배 하나가 나를 찾아오더니 잠깐 보자고 한다. 많이 긴장했는지 떨면서 이런 말을 꺼냈다.

"오빠, 제가 교만하다고 생각하지 마세요."

"뭔데? 얘기해봐."

"저는 학교에서 장학금이 나왔어요. 그런데 교회에서도 장학금이 나왔거든요."

공돈이 생겼다는 것이다. 하나님이 돈을 한번 툭 주실 때가 있다. 하지만 그냥 주셨다고 함부로 써서는 안 된다. 왜냐하면 그런 돈은 하나님이 주신 돈을 어떻게 쓰는지 보시는 주님의 사인(sign)이 되기도 하기 때문이다.

'예수전도단'을 세운 로렌 커닝햄 목사가 스위스에서 처음으로 호텔을 사기로 하고 호텔 계약금을 위한 특별한 기도 모임을 가진 후 헌금하기로 되어 있던 전날이었다.

그가 백화점에서 멋진 조깅복이 걸려 있는 것을 발견했다. 조깅복은 20달러였는데 마침 그의 주머니에 20달러가 있었다. 어차피 다음날 헌금할 때 하나님께서 자신이 가진 돈 전부를 내놓으라고 하실 수 있다고 생각한 그는 서둘러서 그 조깅복을 샀다.

다음날 로렌 커닝햄이 기도회를 인도한 뒤 각자 주님이 말씀하시는 것을 기다리고 주님이 하라고 하시는 것은 무엇이든지 하라고 말한 다음 자리에 앉았다. 그때 하나님께서 그에게 말씀하셨다.

"나는 너에게 그 호텔을 사라고 6만 달러를 줄 수 없다. 로렌."

"아니, 왜요? 하나님?"

"20달러조차 너를 믿을 수 없기 때문이야."

물론 20달러는 그의 돈이었지만 하나님께서 헌금으로 내라고 하실까봐 하나님께 묻지도 않고 일찌감치 그 돈을 자신을 위해 써버린 것을 두고 하신 말씀이었다.

나도 하나님이 돈을 주실 때 겁이 난다. 왜냐하면 주신 돈만큼도 못 믿을 사람이 되어서는 안 되기 때문이다. 그런데 이 자매 역시 나와 같은 제자훈련을 받은 사람이다보니 공돈에 대해 기도해본 것이다. 그런데 기도했더니 하나님께서 나를 자꾸 생각하게 해주셔서 가지고 왔다는 것이다.

"하나님이 기도하면 자꾸 오빠를 생각나게 하시고 오빠한테 등록금을 갖다줘야겠다는 마음을 주셔서 가져왔어요. 오빠가 이걸 받아줬으면 좋겠어요."

물론 나는 그 돈을 감사함으로 받았다. 그리고 하나님이 채우시는 것을 경험했다. 하나님이 등록금을 넘치게 채우시는데, 그때 내 안에 신앙의 담대함이 생겼다.

'아, 하나님이 채우시는구나! 막힌 게 아니구나! 주의 종을 멸시하지 않으시고 빈손으로 보내시지 않는구나!'

하나님 앞에만 무릎 꿇는 담대함

하나님은 하나님의 자녀가 망하기를 원치 않으신다. 교인이 망하면 복음을 누가 전하며, 교회가 망하면 하나님의 나라는 누가 세우는가? 이 땅에 복음의 영광이 하나님의 자녀에게 있기 때문에 하나님의 자녀에게 복을 부으시고 하나님의 자녀를 복의 통로로 세워 가시는 분이 우리 하나님이시다.

그런데 그 과정에서 하나님이 원하시는 방법이 있다. 그 복이 인본주의로, 사람의 행복과 유익에 따라 부어진다면, 그것은 곧 우리를 타락시킬 뿐이다. 그렇기 때문에 하나님은 하나님이 복 주신다는 것을 알도록 우리를 말씀으로 부르신다. 하나님이 주시는 것을 알아야 우리가 주께 달려 나아가기 때문이다.

그러면 꼭 이렇게 질문하는 사람이 있다.

"하나님은 다 아시면서 왜 꼭 기도해야 주세요?"

창세기 1장 30절에 보면 천지를 창조하신 하나님께서 사람에게, 그리고 땅의 짐승과 하늘의 새와 생명을 가진 모든 것에게 먹을거리를 주셨다고 나온다. 이렇듯 모든 피조물들은 스스로 생명을 유지하지 못한다. 그렇기 때문에 피조물이다. 피조물이란 생명이 외부에서 들어와야 하는 존재이며 스스로 독립하지 못한다. 반면에 창조주는 스스로 존재하는 자다.

영적인 원리도 마찬가지다. 우리는 영적으로 스스로 홀로 서지 못한다. 반드시 하나님을 의지해야 한다. 우리가 먹어야 살 수 있듯이, 기도는 우리가 하나님의 도움 없이 살지 못한다는 것을 나타내 준다. 왜 기도해야 주시는 걸까? 기도했을 때 줘야 하나님이 주신 것을 알기 때문이다. 기도해서 받아야 담대함이 생기고 기도해야 하나님이 나의 생명이라는 것을 알기 때문이다. 기도할 때 담대해진다. 사람에게 끌려가지 않는다. 배짱이 생긴다.

하나님이 주시는 복을 자랑하라!

룻이 왜 당당한가? 룻은 하나님의 날개 아래 보호를 받으러 온 자에게 상 주시는 하나님을 알고 있었다. 아는 자는 당당하다. 기다리면 된다는 것, 참으면 된다는 것, 고난을 겪으면 된다는 것을 알았다. 편한 것을 좇지 않았다. 빈손으로 보내지 않으시는 하나님의 마음을 알았다.

하나님도 자녀가 낙망하는 것을 원치 않으신다. 하나님의 자녀가 없이 사는 것을 원치 않으신다. 자녀가 복 되기를 원하신다. 단, 주님 안에서 복 되어야 하고, 말씀 안에서 복 되어야 하고, 하나님을 붙잡아야 진정한 복이라는 것을 가르쳐주신다. 힘들 때 기도하라. 하나님을 붙잡으라. 말씀을 좇아가보라. 그 말씀이 지식인지 삶의 역사인지 체험해보라. 진정한 하나님을 경험해야 사람에게 끌려가지 않는 믿음의 담대함이 생긴다. 주님 앞에 무릎 꿇는 담대함이 생긴다.

이것이 우리의 고백이 되어야 할 것이다.

"나는 기도하고 주님을 붙잡고 예배하며 주님을 바라보며 주님이 주시는 복을 받을 것이다. 물질의 복만 자랑하는 것이 아니라 하나님이 주시는 복을 자랑할 것이다. 그것이 내 목적이다."

룻처럼 하나님을 자랑하고 하나님 때문에 흥한 것을 자랑하고 하나님이 주신 복을 자랑하는 자들이 돼라. 하나님의 복이 뭔지 알고 싶다면 나의 삶을 보라고 담대히 하나님을 자랑하는 자, 하나님을 높이는 멋진 성도가 돼라.

룻처럼 사람을 좇지 않고 세상의 복을 좇지 않고 하나님을 붙잡고 하나님의 복을 자랑할 때, 우리도 하나님 앞에 존귀하게 기억될 것이다. 하나님 때문에 담대하게 살아갈 수 있는 믿음을 주신다. 나의 가정과 기업을 하나님의 가정과 기업으로 만드셔서 하나님이 주신 복을 자랑하게 만드실 것이다.

하나님의 기업은
하나님이 반드시 책임지신다

말론의 아내 모압 여인 룻을 사서 나의 아내로 맞이하고

하나님이 주목하신 이름

우리의 '고엘'

🌿 룻기 4장에서는 본격적으로 기업(基業) 무르는 법이 소개된다. 이것을 '고엘 제도'라고 한다. 이스라엘 백성의 어떤 가문에 하나님이 주신 기업이 망하거나 끊어지게 되었을 때 그것을 다시 회복시켜주는 하나의 제도적 방법이다.

만일 형이 죽었는데 자손이 없다면 동생이 형수와 결혼해서 낳은 아들로 형의 가문과 기업을 이어가도록 하는 것이다. 이때 단순하게 형의 대(代)만 이어주는 것이 아니라 하나님이 주신 기업, 잃었던 땅도 같이 회복시켜주는 책임이 기업 무를 자(고엘)에게 있었다.

"토지를 영구히 팔지 말 것은 토지는 다 내 것임이니라 너희는 거류민이요 동거하는 자로서 나와 함께 있느니라 너희 기업의 온 땅에서 그 토지 무르기를 허락할지니 만일 네 형제가 가난하여 그의 기업 중에서 얼마를 팔았으면 그에게 가까운 기업 무를 자가 와서 그의 형제가 판 것을 무를 것이요 만일 그것을 무를 사람이 없고 자기가 부유하게 되어 무를 힘이 있으면 그 판 해를 계수하여 그 남은 값을 산 자에게 주고 자기의 소유지로 돌릴 것이니라 그러나 자기가 무를 힘이 없으면 그 판 것이 희년에 이르기까지 산 자의 손에 있다가 희년에 이르러 돌아올지니 그것이 곧 그의 기업으로 돌아갈 것이니라"(레 25:23-28).

살다보면 가난해질 때가 있다. 가난해지면 소유의 땅을 팔거나 자신이 종으로 팔려가는 일이 벌어진다. 그때 근족이나 친족이 값을 지불하고 땅을 되찾아주거나 자유인이 되게끔 속량해주는데 그 기준은 희년(禧年)이다. 희년은 안식년이 일곱 번 지난 이듬해, 그러니까 50년째 되는 해를 말한다.

이스라엘은 희년이 되면 모든 빚이 탕감되고, 땅의 소유권도 원주인에게 돌아가고, 종 되었던 자 역시 자유인이 된다. 희년을 1년 남겨두고 종이 되었다면 1년 후에는 그 사람을 자유인으로 풀어주어야 한다. 1년 동안 종으로 쓸 수 있는 사람과 10년 동안 종으로 일할 수 있는 사람은 엄연히 그 값이 차이가 날 수밖에 없다.

고엘 제도는 기업을 물려줄 뿐만 아니라 친족의 억울한 죽음에 대해서 보복할 수 있는 권한까지 있었다.

"그 사람이 그에게 본래 원한이 없으니 죽이기에 합당하지 아니하나 두렵건대 그 피를 보복하는 자의 마음이 복수심에 불타서 살인자를 뒤쫓는데 그 가는 길이 멀면 그를 따라 잡아 죽일까 하노라 그러므로 내가 네게 명령하기를 세 성읍을 너를 위하여 구별하라 하노라 네 하나님 여호와께서 네 조상들에게 맹세하신 대로 네 지경을 넓혀 네 조상들에게 주리라고 말씀하신 땅을 다 네게 주실 때 또 너희가 오늘 내가 너희에게 명하는 이 모든 명령을 지켜 행하여 네 하나님 여호와를 사랑하고 항상 그의 길로 행할 때에는 이 셋 외에 세 성읍을 더하여 네 하나님 여호와께서 네게 기업으로 주시는 땅에서 무죄한 피를 흘리지 말라 이같이 하면 그의 피가 네게로 돌아가지 아니하리라 그러나 만일 어떤 사람이 그의 이웃을 미워하여 엎드려 그를 기다리다가 일어나 상처를 입혀 죽게 하고 이 한 성읍으로 도피하면 그 본 성읍 장로들이 사람을 보내어 그를 거기서 잡아다가 보복자의 손에 넘겨 죽이게 할 것이라 네 눈이 그를 긍휼히 여기지 말고 무죄한 피를 흘린 죄를 이스라엘에서 제하라 그리하면 네게 복이 있으리라"(신 19:6-13).

이스라엘의 모든 살인자는 일단 도피성으로 피할 수 있다. 이 도피성은 동편에 셋, 서편에 셋이 있었다. 부지중에 이웃을 죽였거나 고의가 아니라 실수로 사람을 죽이면 도피성으로 피해 거기서 보호를 받으며 살 수가 있다. 왜냐하면 죽임을 당한 피살자의 가장 가까운 근족이 개인적으로 살인자에게 복수할 수 있기 때문에 고의로 살인하지 않았다면 죄 없이 생명을 빼앗기는 일이 없도록 하기 위해서다.

그러나 고의로 사람을 죽인 자가 도피성으로 피해 왔다면 장로들은 그를 잡아다가 보복자에게 넘겨줄 수 있는데, 이때 이 보복자가 바로 가장 가까운 근족이다. 그러니까 고엘 제도는 자기 친족의 생명을 빼앗았을 때 그에 대해 복수할 수 있는 권한까지 갖는 것이다.

친족 가문의 대를 이어줄 뿐 아니라 친족의 기업을 물려주기 위해서는 자기 기업의 손해를 감수해야 한다. 가문이 끊어졌다는 것은 그 집안이 망했다는 뜻이기 때문에 값을 주고 땅을 사주어야 하기 때문이다. 이 고엘 제도에는 어떤 가문도 죄로 말미암아 끊어져서 멸망하기를 원치 않으시는 하나님의 마음이 담겨 있다.

마태복음 1장에 나오는 예수 그리스도의 족보는 사람이 이어갈 수 없는 끊어진 족보다. 그렇지만 하나님께서는 예수 그리스도가 출현하기까지 죽이지 않고 망하지 않게 끊어지지 않게 그 가문을 이어가신다. 그것이 주님의 마음이다. 그 가문을 이어주지 않을 때 분노하셨다. 그 가문을 끊는 일을 악하게 보셨다.

하나님을 왕으로 섬겨야 할 이스라엘 백성들이 아무도 하나님을 왕으로 섬기지 않고 각자 자기 소견에 옳은 대로 행하던 사사 시대에, 하나님께서는 하나님을 향한 믿음을 고백하는 이방 여인 룻을 통해 하나님의 기업을 이어가셨다. 그것을 기록한 것이 바로 이 '룻기'이다.

만군의 여호와의 이름을 부른 한 사람

🌿 "에브라임 산지 라마다임소빔에 에브라임 사람 엘가나라 하는 사람이 있었으니 그는 여로함의 아들이요 엘리후의 손자요 도후의 증손이요 숩의 현손이더라"(삼상 1:1).

사무엘상 1장 1절은 한 사람을 소개하면서 그가 어느 가문의 사람이고, 아버지는 누구고, 할아버지는 누구고, 증조할아버지, 고조할아버지는 누구라고 설명하고 있다. 출애굽기에서 모세의 출생을 언급하는 장면과는 사뭇 대조를 이룬다. 모세의 아버지는 아므람이요 어머니는 요게벳이다. 그런데 성경에는 "레위 가족 중 한 사람이 가서 레위 여자에게 장가 들어 그 여자가 임신하여 아들을 낳으니 그가 잘 생긴 것을 보고 석 달 동안 그를 숨겼으나"(출 2:1,2)라고 기록하면서 그 후에 그가 모세임을 밝힌다.

우리는 성경을 볼 때 하나님께서 우리에게 무엇을 주목하게 하시는지를 보아야 한다. 위대한 지도자 모세를 아무렇지도 않게 소개했으면서 사무엘에 앞서 그의 아버지 엘가나를 이렇게까지 소개하는 이유는 무엇일까? 출애굽기는 '구원'에 관한 책이다. 구원은 전적으로 하나님께 속한 영역이다. 하나님께서 택한 자가 모세일 뿐, 아무라도 하나님이 택하시면 그를 모세로 만드실 수 있다. 그렇기 때문에 우리가 모세라는 사람에게 집중해서는 안 된다. 그래서 처음부터 어떤 레위 남자와 어떤 레위 여자라고 해서 그 부모의 이름을 밝히지 않은 것이다.

그렇지만 사무엘상은 다르다. 하나님께서 우리의 이목을 어떤 사람에게 집중시키신다. 마치 "너, 얘가 누군지 아니? 얘 아버지가 누군지 아니? 할아버지가 누군지 아니? 증조할아버지가 누군지 아니?"라고 하시는 것 같다. 이것은 그에게 관심을 갖도록 주의를 환기시키는 것이다.

"그에게 두 아내가 있었으니 한 사람의 이름은 한나요 한 사람의 이름은 브닌나라 브닌나에게는 자식이 있고 한나에게는 자식이 없었더라 이 사람이 매년 자기 성읍에서 나와서 실로에 올라가서 '만군의 여호와'께 예배하며 제사를 드렸는데 엘리의 두 아들 홉니와 비느하스가 여호와의 제사장으로 거기에 있었더라"(삼상 1:2,3).

이 사람은 매년 만군의 여호와께 예배하며 제사를 드렸다. 다음 한나의 고백을 주목해서 보라.

"한나가 마음이 괴로워서 여호와께 기도하고 통곡하며 서원하여 이르되 '만군의 여호와여' 만일 주의 여종의 고통을 돌보시고 나를 기억하사 주의 여종을 잊지 아니하시고 주의 여종에게 아들을 주시면 내가 그의 평생에 그를 여호와께 드리고 삭도를 그의 머리에 대지 아니하겠나이다"(삼상 1:10,11).

하나님이 보신 것이 무엇인가? 사사 시대에 모두가 다 각기 자기 소견대로 하여 하나님을 섬기지 않을 때, 애를 낳지 못하는 한 여인이 매년 하나님께 나아와 제사를 드린다. 더욱이 이 여인이 하나님을 '만군의 여호와'라 부르고 있다. 성경에서 창세기부터 사사기까지 '만군의 여호와'라는 칭호는 한 번도 나온 적이 없다.

성경에 나오는 하나님의 칭호는 우리가 경험하는 사건 속에서 이야기된다. 아말렉과의 전쟁에서 이겼을 때 '여호와 닛시', 물 없이 길을 가다가 쓴물을 단물로 고치시고 치료하시는 하나님이 되심을 말씀하신 '여호와 라파' 등 우리의 상황 속에서 하나님이 어떤 분이 셨는지 고백하는 것, 그것이 우리가 하나님을 부르는 이름이 된다.

사사기는 전쟁의 시기이다. 끊이지 않는 전쟁을 치르는 가운데 하나님을 섬기는 믿음의 싸움을 해야 한다. 사사기에서 순종이란, 만군의 여호와를 의지하여 가나안과의 전쟁에서 승리하는 것이다. 하지만 그렇지 않고 전부 타락했다. 그런데 한 여인이 하나님을 '만군의 여호와'라고 부르며 하나님을 붙잡는다. 그렇기 때문에 하나님께서 그 여인을 주목하신 것이다.

동일하게 만군의 여호와의 이름을 부르며 하나님나라를 세워가는 싸움을 한 사람이 훗날의 다윗이다.

"다윗이 블레셋 사람에게 이르되 너는 칼과 창과 단창으로 내게 나아 오거니와 나는 '만군의 여호와'의 이름 곧 네가 모욕하는 이스라엘 군대의 하나님의 이름으로 네게 나아가노라"(삼상 17:45).

한나가 하나님 앞에 어떤 차원의 기도를 드렸는지 알겠는가? 하나님께서는 사사 시대에 두 여인을 주목하셨다. 모압 여인 룻을 통해서 하나님의 기업을 이어갈 다윗을 준비하셨을 뿐만 아니라 한나를 통해서 다윗에게 기름을 부을 사무엘을 세워 이스라엘의 역사를 일으키시는 것이다.

¹ 보아스가 성문으로 올라가서 거기 앉아 있더니 마침 보아스가 말하던 기업 무를 자가 지나가는지라 보아스가 그에게 이르되 아무개여 이리로 와서 앉으라 하니 그가 와서 앉으매 ² 보아스가 그 성읍 장로 열 명을 청하여 이르되 당신들은 여기 앉으라 하니 그들이 앉으매   룻기 4:1,2

기업을 무르기 위한 재판

롯기 4장에서는 하나님의 기업을 무를 자와 아닌 자가 구별되기 시작한다. 보아스는 자신이 기업 무를 자이기는 하지만 더 가까운 사람이 있으니 그가 기업 무를 자의 책임을 이행하지 않는다면 자신이 그 책임을 이행하리라 하고 성문으로 갔다. 이때 '성문'이라는 단어에 주목해보자.

창세기 19장 1절에도 두 천사가 소돔에 이르러 롯을 만났는데 그가 소돔 성문에 앉아 있었다고 나온다.

"저녁 때에 그 두 천사가 소돔에 이르니 마침 롯이 소돔 성문에 앉아 있다가 그들을 보고 일어나 영접하고 땅에 엎드려 절하며"(창 19:1).

고대의 성문은 매우 중요한 장소이다. 성문은 백성들이 모이는 곳, 시장이 열리고 특히 송사에 대한 판결과 재판이 이루어지던 곳이다. 롯이 성문에 앉아 있었다는 것은 소돔과 고모라로 이주한 다음 그가 재판을 할 수 있을 정도로 지위가 상승했다는 것을 알려준다.

또 다른 성문의 장면이 사무엘하 15장에 나온다.

"압살롬이 일찍이 일어나 성문 길 곁에 서서 어떤 사람이든지 송사가 있어 왕에게 재판을 청하러 올 때에 그 사람을 불러 이르되 너는 어느 성읍 사람이냐 하니 그 사람의 대답이 좋은 이스라엘 아무 지파에 속하였나이다 하면 압살롬이 그에게 이르기를 보라 네 일이 옳고 바르다마는 네 송사를 들을 사람을 왕께서 세우지 아니하셨다 하고 또 압살롬이 이르기를 내가 이 땅에서 재판관이 되고 누구든지 송사나 재판할 일이 있어 내게로 오는 자에게 내가 정의 베풀기를 원하노라 하고 사람이 가까이 와서 그에게 절하려 하면 압살롬이 손을 펴서 그 사람을 붙들고 그에게 입을 맞추니 이스라엘 무리 중에 왕께 재판을 청하러 오는 자들마다 압살롬의 행함이 이와 같아서 이스라엘 사람의 마음을 압살롬이 훔치니라"(삼하 15:2-6).

다윗의 아들 압살롬이 성문에서 재판하러 오는 사람들을 기다린다. 재판을 하러 온다는 것은 문제가 생겼기 때문인데, 압살롬은 그 원인을 다윗에게 돌리게 하였다. 압살롬은 왕자의 직분을 이용하여 훗날 반역을 도모하기 위한 준비로 아버지 다윗 왕으로부터 백성의 마음을 훔치고 있다. 결국 이것이 압살롬이 일으키는 반역의 토대가 된다.

성문은 재판을 하기 위해 성읍의 장로들이 자리를 잡고 앉는 곳
이기도 하다. 보아스가 성문으로 올라가 앉자 마침 보아스가 말한
'첫 번째로 기업 무를 자'가 지나가고 있다. 하나님께서 룻 앞에 보
아스를 데려오신 것처럼 그 기업 물릴 자 역시 하나님께서 성문 앞
으로 이끌어오셨다. '웨 힌네', 바로 하나님이 보여주신 사건이다.
항상 하나님이 먼저 시작하신다.

보아스가 기업 무를 자에게 이리 와서 앉으라고 하고 성읍 장로
열 명도 그 자리에 함께 앉도록 했다. 이것은 기업을 무르기 위한
정식 재판을 열었다는 뜻이다.

3 보아스가 그 기업 무를 자에게 이르되 모압 지방에서 돌아온 나오미가
우리 형제 엘리멜렉의 소유지를 팔려 하므로 4 내가 여기 앉은 이들과 내
백성의 장로들 앞에서 그것을 사라고 네게 말하여 알게 하려 하였노라 만
일 네가 무르려면 무르려니와 만일 네가 무르지 아니하려거든 내게 고하
여 알게 하라 네 다음은 나요 그 외에는 무를 자가 없느니라 하니 그가 이
르되 내가 무르리라 하는지라 5 보아스가 이르되 네가 나오미의 손에서
그 밭을 사는 날에 곧 죽은 자의 아내 모압 여인 룻에게서 사서 그 죽은 자
의 기업을 그의 이름으로 세워야 할지니라 하니 6 그 기업 무를 자가 이르
되 나는 내 기업에 손해가 있을까 하여 나를 위하여 무르지 못하노니 내
가 무를 것을 네가 무르라 나는 무르지 못하겠노라 하는지라   룻기 4:3-6

보아스가 증인들과 백성의 장로들 앞에서 기업 무를 자에게 정식으로 기업 무를 책임을 지라고 말한다. 그가 물지 않으면 그 다음은 보아스 차례이며 다른 사람은 없음을 밝히고 있다. 그러자 기업 무를 자가 하는 말이 "무르리라"(4절) 한다. 그런데 다시 6절을 보면 그가 별안간 이렇게 말한다.

"나는 내 기업에 손해가 있을까 하여 나를 위하여 무르지 못하노니 내가 무를 것을 네가 무르라 나는 무르지 못하겠노라."

이 기업 무를 자는 처음에는 무를 마음이 있었다. 그런데 금세 자기 기업에 손해가 가서 무르지 못하겠다고 한다. 망한 가문의 기업을 일으키려면 땅을 사줘야 한다. 기업 무르기가 원래 손해를 감수해야 하는 일임을 그가 몰랐을까? 아니다. 그렇다면 기업 무를 자의 마음이 변한 이유가 무엇인가? 그 답이 5절에 있다.

"보아스가 이르되 네가 나오미의 손에서 그 밭을 사는 날에 곧 죽은 자의 아내 모압 여인 룻에게서 사서 그 죽은 자의 기업을 그의 이름으로 세워야 할지니라 하니"(룻 4:5).

'첫 번째로 기업 무를 자'는 보아스의 말을 듣고 놀랐을 것이다. 그도 처음에는 나오미에게서 엘리멜렉의 밭을 사서 기업을 물어주려고 했다. 하지만 나오미에게 있는 모압 여인 룻을 미처 알지 못한 것이다.

그가 어떤 사람인지 아는가? 그는 매우 부유했을 것이다. 그런데도 그는 돈에 미친 사람이다. 얼마만큼 돈에 미쳤느냐 하면 나오미와의 결혼도 마다하지 않을 정도로 미쳤다. 나오미는 이미 늙었다. 나오미와 결혼한다 해도 나오미는 늙어서 애를 낳지 못하고 죽을 것이다. 그러면 그 기업은 자신의 것이 되리라는 계산을 한 것이다. 하지만 며느리 룻은 젊다. 결혼하면 곧 애를 낳게 되고 그러면 그 기업은 죽은 자의 이름으로 잇게 된다.

이 사람은 기업을 무를 수 있을 만큼 돈이 많았을 것이다. 하지만 자신의 기업에 손해라고 생각하면 기업 무를 책임도 지지 않으려고 한다. 반대로 자신의 기업을 늘리는 데 이득이 된다고 생각하니 나오미와의 결혼쯤 투자라고 생각하는 것이다. 정말 무서운 사람이다. 세상 사람은 돈을 따라 움직인다. 우리는 세상 사람을 세상의 방법으로 이길 수 없다.

악을 이기는 방법은 두 가지가 있다. 하나는 악을 악으로 이기는 방법이다. 더 악하면 이긴다. 또 다른 방법은 선으로 악을 이기는 것이다. 이것이 성경의 방법이다. 억울한 일이 왜 없겠는가.

하지만 성경은 우리에게 이렇게 말씀하신다.

"친히 원수를 갚지 말고 하나님의 진노하심에 맡기라"(롬 12:19).

"악에게 지지 말고 선으로 악을 이기라"(롬 12:21).

나의 힘이나 혈기로 싸워서는 안 된다. 하나님께 맡길 때 지는 것 같지만 결국은 진정한 승리를 얻을 수 있다. 악으로 악을 이기면 이

겨도 망할 뿐이다.

룻기 4장 13절을 보라.

"이에 보아스가 룻을 맞이하여 아내로 삼고 그에게 들어갔더니 여호와께서 그에게 임신하게 하시므로 그가 아들을 낳은지라."

룻이 보아스와 결혼하자마자 임신했다. 이때 다시 룻기 1장이 떠오르게 되는데, "그들은 모압 여자 중에서 그들의 아내를 맞이하였는데 하나의 이름은 오르바요 하나의 이름은 룻이더라 그들이 거기에 거주한 지 십 년쯤에 말론과 기룐 두 사람이 다 죽고 그 여인은 두 아들과 남편의 뒤에 남았더라"(룻 1:4,5)라고 했다.

룻은 말론과 결혼했지만 말론이 죽기까지 아기를 갖지 못했다. 그런데 보아스와 결혼하자마자 임신했다는 것은 하나님께서 말론과의 사이에서는 룻의 태(胎)를 닫으셨다는 뜻이 된다. 하나님을 떠난 자가 그 상태에서 흥한다면 그것이 결국 복이 되지 않기 때문에 하나님이 막으신 것이다. 우리가 주님을 떠났을 때 손해가 온다면 감사하라. 더 큰 것을 주려고 하시는 주님의 부르심이기 때문이다.

나는 너의 이름을 몰라!

그런데 '첫 번째로 기업 무를 자'의 이름은 무엇인가? 룻기 4장 1절에서 보아스가 그를 불러 이리로 와서 앉으라고 말한다.

성경에 나온 대로 말하면 보아스가 부른 그의 이름은 '아무개'다. 성은 '아'요 이름이 '무개'인가? 아니다. 히브리어 역시 우리말의 '뒤죽박죽', '여기저기' 등과 같은 의미 없는 음성적 반복일 뿐이다. 영어성경에서 'my friend'라고 번역되기도 했는데 이것은 정확한 뜻을 오해한 번역이다.

그러면 이것은 어떤 의미인가? 베들레헴이라는 작은 고을에서 보아스가 자기보다 먼저 기업 무를 자의 이름을 몰랐을 리 없다. 보아스는 아마 그의 이름을 불렀을지도 모른다. 재판을 통해 기업을 무르려고 하기 때문에 정확한 그의 이름이 사용되었을 것이다. 그러나 여기서 주목해야 할 것은 성경이 의도적으로 이 사람의 이름을 언급하지 않는다는 점이다. 하나님의 기업 무르기를 거절한 사람은 그 이름도 성경에 남기지 않아 사람들이 아예 기억하기를 원치 않는다는 뜻이다.

하나님이 주시는 복을 받았는데 하나님의 나라와 영광은 아랑곳 없이 이 땅에서 배부르게 잘살면 그만인가? 경제적인 이득을 따지는 안목이 아무리 탁월해도 하나님은 하나님의 기업과 상관이 없는 그를 이름조차 기억하지 않겠다고 하신다. 이 땅에서 아무리 유명해도 하나님이 기억하기 싫은 사람이 되는 것이 얼마나 두려운 일인지 알아야 한다.

성경에는 하나님께서 그 이름조차 남기고 싶지 않은 사람이 있는 반면에 모압 여인 룻처럼 책으로 기록한 사람도 있다. 누가 저주받은 족속인가? 이스라엘 민족의 기업을 이 여인이 이어갔다. 하나님은 이 여인을 알리고 싶어 하신다.

자신의 인생이 저주받았다고 생각하는가? 경제적으로 어려운가? 힘들다고 생각하는가? 아니다. 하나님의 기업을 귀히 여기고 하나님을 바라보는 자를 하나님께서는 절대로 잊지 않으신다. 룻은 아예 성경에 집어넣으셨다. 이방 여인이지만 예수님의 조상으로, 천국에서 유명한 자로 만드셨다.

그러나 첫 번째로 기업 무를 자는 하나님 앞에 무명한 자가 되고 말았다. 아마 이 사람은 룻이 보아스와 결혼하자마자 임신하는 것을 보고 자신의 선택이 탁월했다고 믿었을 것이다. 그리고 죽을 때까지 물질을 따라가며 배부르게 잘 먹고 잘 살았을지도 모른다.

그런데 그가 이 기업을 물렀다면 그가 예수님의 조상이 되는 영광을 안았을 텐데, 물질에 눈이 어두워 하나님의 기업을 우습게 여기다가 그만 하나님이 생각도 하기 싫은 사람, 기억도 하기 싫은 이름으로 떨어져버렸다. 자신의 유익과 자기 영광만 구하다가 하나님도 그를 모른다고 하시는 지경에 이르렀다.

공평하신 하나님은 우리에게 기회를 다 주신다. 그런데 우리의 삶 속에서 어떤 기회는 축복이 되기도 하지만 어떤 기회는 저주가 될 때가 있다. 하나님나라의 영광을 받을 자와 그것을 거절하는 자가 받을 대가는 너무나 철저하다. 선택이기 때문에 하나님께서도 책임을 물으신다.

그러나 하나님도 하나님의 나라와 하나님의 영광을 바라보는 자, 그를 바라보신다. 하나님이 주신 재능과 건강과 능력이 자신만을 위한 것처럼 살아간다면 이 땅에서는 잘나고 유명한 자가 될지 몰라도 하나님 앞에 서는 날, 하나님께서 "나는 너를 모른다"라는 엄청난 선언을 하실 것이다. 우리가 주님을 부끄러워하고 존귀하게 대하지 않고 하나님의 기업보다 자신의 유익을 위한다면 하나님도 우리의 이름을 기억하지 않으신다.

유명한 자 vs 무명한 자

나는 성경에서 안나라는 여인을 볼 때마다 하나님의 특별한 사랑을 받았다는 생각을 한다.

"또 아셀 지파 바누엘의 딸 안나라 하는 선지자가 있어 나이가 매우 많았더라 그가 결혼한 후 일곱 해 동안 남편과 함께 살다가 과부가 되고 팔십사 세가 되었더라 이 사람이 성전을 떠나지 아니하고 주야로 금식하며 기도함으로 섬기더니 마침 이 때에 나아와서 하나님께 감사하고 예루살렘의 속량을 바라는 모든 사람에게 그에 대하여 말하니라"(눅 2:36-38).

안나는 과부가 된 후로 84년 동안 성전을 떠나지 않고 밤낮 없이 금식과 기도로 하나님을 섬겼다. 결혼한 지 7년 만에 남편이 죽었고 적어도 15세 이상 되었을 때 결혼했다고 생각하면 이 여인의 나이는 100세가 넘은 셈이다. 짧은 결혼생활과 과부로 보낸 84년의 인생이 어쩌면 불행하다고 생각할 수 있다.

하지만 하나님의 성전에서 눈물로 기도하며 보낸 안나의 인생을 주님은 기억하셨다. 하나님 앞에 살아온 삶이 헛되지 않았음을 알려주기 위해 하나님은 이 여인에게 아기 예수님을 볼 수 있는 영광을 주셨다. 우리 하나님은 이런 분이시다. 하나님을 바라보고 살아가는 자를 하나님도 놓치지 않으신다. 꼭 세상에서 멋진 결혼을 하고 돈을 많이 벌어야 축복을 받은 것이 아니다. 누가 이 여인의 인생을 불행하다고 하겠는가. 하나님은 이 여인을 성경에 기록해서 드러내셨다. 천국에서는 이미 존귀한 자의 이름이다. 하나님이 인정하신 여인인데 어떻게 자랑스럽지 않겠는가.

나의 고백도 다르지 않다.

"주님, 이 땅을 살아갈 때 내가 하나님의 사람으로, 하나님이 아시는 사람이 됐다는 것, 저는 그것 하나로 만족하겠습니다."

"영광과 욕됨으로 그러했으며 악한 이름과 아름다운 이름으로 그러했느니라 우리는 속이는 자 같으나 참되고 무명한 자 같으나 유명한 자요 죽은 자 같으나 보라 우리가 살아 있고 징계를 받는 자 같으나 죽임을 당하지 아니하고 근심하는 자 같으나 항상 기뻐하고 가난한 자 같으나 많은 사람을 부요하게 하고 아무것도 없는 자 같으나 모든 것을 가진 자로다"(고후 6:8-10).

내가 가장 좋아하는 말씀이다. 이것이 그리스도인이다. 어떤 때는 없는 것 같고 망한 것 같고 무명한 자 같지만 안 그렇다. 주님 앞에 나오는 자를 주님은 그렇게 생각하지 않으신다. 나는 유명한 자다. 주님을 가졌기 때문이다. 모든 것을 가진 자다.

룻이 가진 자인가? 세상의 상식으로는 아니다. 그러나 하나님의 나라를 세우는 마음이 있기에 성경에 그 이름이 들어갔고 천국에서 유명한 자가 되었다. 하나님께서 "내가 네 이름을 안다"라고 하시는 것이 얼마나 복된 일인지 아는가? 나는 지금도 이 꿈을 꾼다. 나는 타락하고 싶지 않다. 70세까지 목사로 살다가 잘 늙고 잘 죽어 천국에서 하나님께 인정받고 싶다.

그러나 유혹이 있다. 나도 세상의 것이 보인다. 죄악의 낙과 이 땅의 부요함을 누리고 싶고 갖고 싶을 때가 있다. 그렇지만 하나님이 내게 부탁하신 말씀이 있고 그것을 온전히 연구하고 전하고 있는지 생각할 때 나는 두렵다. 그리고 나 같은 부족한 자의 삶을 하나님의 영광을 위해 사용해주신다고 느낄 때면 죄송할 따름이다.

우리가 하나님의 기업에 관심을 가지면 이 땅에서 아름다울 뿐만 아니라 천국에서 유명한 자가 된다. 모압 여인 룻이 하나님의 기업을 잇겠다고 했을 때 하나님이 얼마나 기뻐하셨을까 생각해보라. 이 땅에서 고작 7,80년 사는 동안 오직 자기 기업만을 위해 아등바등할 것이 아니요 하나님께 기도하고, 사람을 사랑하고, 교회를 세우려고 힘쓰면 하나님이 주시는 영광의 면류관을 받게 된다.

하나님께 유명한 자, 주님이 그 이름을 기억하는 자가 되는 것이 나의 소망이다. 주님 앞에 섰는데 "너는 누구니? 네 성질대로, 네 마음대로 한 일에 나는 관심이 없다" 그러실까봐 두렵다. 나를 통해 하나님께서 일하시기를 기대하는 마음으로, 내 마음과 감정과 기질대로 하지 않고 주님 때문에 참는다. 내가 구원받은 은혜에 감사해서 주님을 알기 때문에 참는 것을 주님도 잊지 않으신다. 속상해도 주님 때문에 섬기는 것을 주님이 갚아주신다. 어려워도 교회를 세우겠다고 나오는 것을 보시고 그 자녀에게까지 하나님의 복을 주신다.

7 옛적 이스라엘 중에는 모든 것을 무르거나 교환하는 일을 확정하기 위하여 사람이 그의 신을 벗어 그의 이웃에게 주더니 이것이 이스라엘 중에 증명하는 전례가 된지라 8 이에 그 기업 무를 자가 보아스에게 이르되 네가 너를 위하여 사라 하고 그의 신을 벗는지라 9 보아스가 장로들과 모든 백성에게 이르되 내가 엘리멜렉과 기룐과 말론에게 있던 모든 것을 나오미의 손에서 산 일에 너희가 오늘 증인이 되었고   룻기 4:7-9

모독을 당해 마땅한 직무 유기

첫 번째로 기업 무를 자가 보아스에게 엘리멜렉의 기업을 사라 말하고 자신의 신을 벗어주는 장면이다. 신명기에서 이 신

벗기는 법에 대해 자세히 설명하고 있다.

"그러나 그 사람이 만일 그 형제의 아내 맞이하기를 즐겨하지 아니하면 그 형제의 아내는 그 성문으로 장로들에게로 나아가서 말하기를 내 남편의 형제가 그의 형제의 이름을 이스라엘 중에 잇기를 싫어하여 남편의 형제 된 의무를 내게 행하지 아니하나이다 할 것이요 그 성읍 장로들은 그를 불러다가 말할 것이며 그가 이미 정한 뜻대로 말하기를 내가 그 여자를 맞이하기를 즐겨하지 아니하노라 하면 그의 형제의 아내가 장로들 앞에서 그에게 나아가서 그의 발에서 신을 벗기고 그의 얼굴에 침을 뱉으며 이르기를 그의 형제의 집을 세우기를 즐겨 아니하는 자에게는 이같이 할 것이라 하고 이스라엘 중에서 그의 이름을 신 벗김 받은 자의 집이라 부를 것이니라"(신 25:7-10).

성경에서 '신을 벗는다'라는 것은 여러 가지 의미가 있다. 하나님께서 모세에게 "네가 선 곳은 거룩한 땅이니 네 발에서 신을 벗으라"(출 3:5)라고 하신 것처럼 영적으로 거룩한 장소에서 신을 벗는다. 또한 애곡의 표시로 신을 벗었고, 포로나 노예로 잡혀갈 때에도 신발을 벗는다.

그리고 지금처럼 계대 결혼의 의무를 거절할 때, 그래서 다른 사람에게 그 의무를 넘긴다는 증표로도 신을 벗는다. 그럴 때 그 사람의 얼굴에 침을 뱉는다. 형제의 기업을 끊는다는 것은 이런 모독을 당하고 '신 벗김 받은 자의 집'이라는 오명을 입을 만큼 수치스러운 일이었다.

　본문에는 이 첫 번째로 기업 무를 자가 보아스에게 "네가 너를 위하여 사라" 하고 자신의 신을 벗었다고 나온다. 자신은 정작 자기 기업에 손해가 날까봐 무르지 못하겠다고 해놓고 보아스에게는 "친족의 기업을 물러주는 것은 하나님의 축복이니 네가 기업 무를 자의 축복을 받아라"라는 말로 체면치레할 정도로 그는 뻔뻔하다. 물질을 위해서라면 물불을 가리지 않는 자다.

　그러나 진짜 복이 무엇인지 알지 못한 정말 어리석은 자다.

절대로 끊어지지 않는 복

하나님의 주권적 선택

보아스와 룻의 결혼에 대해 성문에 있는 모든 백성과 장로들이 어떻게 축복하는지 보라. 이것은 그들이 마음대로 한 말이 아니라 하나님이 주신 축복의 말들이다.

10 또 말론의 아내 모압 여인 룻을 사서 나의 아내로 맞이하고 그 죽은 자의 기업을 그의 이름으로 세워 그의 이름이 그의 형제 중과 그 곳 성문에서 끊어지지 아니하게 함에 너희가 오늘 증인이 되었느니라 하니 11 성문에 있는 모든 백성과 장로들이 이르되 우리가 증인이 되나니 여호와께서 네 집에 들어가는 여인으로 이스라엘의 집을 세운 라헬과 레아 두 사람과 같게 하시고 네가 에브랏에서 유력하고 베들레헴에서 유명하게 하시기를 원하며 12 여호와께서 이 젊은 여자로 말미암아 네게 상속자를 주사 네 집이 다말이 유다에게 낳아준 베레스의 집과 같게 하

시기를 원하노라 하니라 13 이에 보아스가 룻을 맞이하여 아내로 삼고 그에게 들어갔더니 여호와께서 그에게 임신하게 하시므로 그가 아들을 낳은지라 14 여인들이 나오미에게 이르되 찬송할지로다 여호와께서 오늘 네게 기업 무를 자가 없게 하지 아니하셨도다 이 아이의 이름이 이스라엘 중에 유명하게 되기를 원하노라

룻기 4:10-14

야곱은 외형적으로는 형과 아버지를 속이고 아버지 이삭으로부터 장자의 축복을 받았다. 그렇지만 야곱이 받은 축복은 이미 변경될 수 없는 축복이었다. 왜냐하면 이삭이 야곱을 축복했지만 그 축복은 하나님의 주권으로 야곱에게 내려주신 축복이기 때문이다.

하나님께서 룻에게는 어떤 놀라운 축복을 주셨는가?

첫 번째로 11절에, 이스라엘의 집을 세운 라헬과 레아 두 사람과 같게 하시는 축복을 주셨다. 창세기 12장에는 아브라함이 등장한다. 창세기 11장의 결론이 무엇인가? 인간은 하나님이 계신 곳을 떠나 하나님의 이름을 내지 않고 자기의 이름을 내는 존재로 바벨탑을 쌓는다. 인간으로서는 가능성이 없다는 것이다. 하지만 하나님은 직접 택하신 아브라함을 통해 믿음의 역사를 시작하신다.

아브라함에게는 두 가지 특징이 있다. 그가 믿음의 조상이 되는 모델이자 예수 그리스도의 계보의 조상이라는 것이다. 이것은 하나님의 주권을 상징하며 하나님이 누구를 영적 자녀로 택하시느냐의 싸움이었다. 이때 우리는 예수 그리스도로 이어지는 계보에서 인간

의 혈통이 철저히 배제되는 것을 볼 수 있다.

하나님께서는 아브라함과 이삭과 야곱을 통해서 '하나님의 선택'에 '인간의 조건'이 없음을 알려주신다. 아브라함의 씨라 해도 그의 아들 이스마엘은 버림을 받는다. 아브라함이 선택한 자손이라고 해서 곧 영적인 자손이 되는 것은 아니다. 하나님의 영적인 축복이 사람의 혈통에 따라 주어지는 것이 아니라는 의미다.

그러면 사람들은 이스마엘이 조강지처의 아들이 아니라 첩인 하갈이 낳은 아들이기 때문에 버림받았다고 오해할지 모르겠다. 하지만 그 후 이삭이 자신의 조강지처인 리브가와의 사이에서 쌍둥이 아들을 낳을 때, 태어난 순서에 따라 장자(長子)인 에서가 선택받았는가? 아니다.

이번에는 태중에서부터 야곱이 선택되었다. 태중에 있을 때 이미 선택되었다는 것은 그가 자라면서 그 됨됨이와 실력에 따라 결정되지 않았다는 뜻이다. 설마 정말 팥죽 한 그릇에 장자권이 넘어갔다고 생각하는가? 그렇지 않다. 거기에는 하나님의 큰 주권이 있다.

하나님께는 하나님만의 방식이 있다는 것이 야곱을 통해서 증명된 것이다. 우리가 받는 은혜, 우리가 받는 하나님의 영적인 복은 사람의 혈통이나 사람이 가진 능력으로부터 오는 것이 아니라 하나님의 주권으로부터 오는 완전히 다른 영적인 복이라는 것을 알아야 한다. 우리가 이 땅에서 가진 어떤 조건도 우리가 하나님께 복을 받는 조건이 되지 못한다.

야곱은 이미 태중에서 하나님의 사랑과 주권에 따라 '이스라엘'로 선택되었다. 라헬과 레아가 누구인가? 야곱의 정실부인이다. 라헬과 레아를 비롯해서 그 시녀인 실바와 빌하가 경쟁적으로 낳은 야곱의 열두 아들들이 모두 이스라엘의 열두 지파가 되는 것이 하나님이 계획하신 일이었다.

그러면 같은 장자인 에서와 르우벤을 한 번 비교해보자. 에서는 사냥을 나갔다가 돌아와서 배가 고픈 나머지 팥죽 한 그릇에 야곱에게 장자권을 팔았다. 반면에 르우벤은 그의 서모(庶母) 빌하와 간통한다. 아버지의 아내와 동침하는 자는 아버지의 하체를 범하는 죄를 범한 것으로 반드시 죽여야 한다. 그런데 동생에게 속아서 팥죽 한 그릇을 먹은 에서는 버림을 받은 반면에, 서모를 범한 르우벤은 장자권은 빼앗겼지만 완전히 제해지지는 않았다. 과연 누구의 죄가 더 큰가?

야곱이라는 이름이 이스라엘로 바뀌었다는 것은 하나님과 겨루는 사람으로 그의 복과 축복이 모두 하나님께 있다는 표현이다. 곧 선택받은 자의 표시다. 그로 말미암아 선택된 그의 자손은 결코 끊어지지 않는다는 것이다.

하나님의 주권에 따라 선택된 이스라엘의 열두 아들은 열두 지파를 이룬다. 이후로는 누가 선택받은 지파들 가운데 기득권을 갖느냐의 싸움이다. 요셉과 유다는 모두 하나님의 선택을 받았다. 요셉은 장자의 기득권을 얻었고, 유다는 치리권을 갖게 되어 예수 그리스도의 조상이 된다. 똑같이 구원받았지만 이제부터는 누가 더 영향력 있는 존재가 되느냐의 싸움을 하게 된 것이다.

이렇게 이스라엘 열두 지파의 선택을 완전히 이룬 것이 바로 라헬과 레아다. 라헬과 레아의 자식은 한 명도 버림받지 않았다. 그러니까 룻에게 라헬과 레아 두 사람과 같게 하는 축복을 주었다는 것은, 이스라엘의 열두 지파를 세운 그 어머니처럼 놀라운 조상의 어머니가 되는 축복을 주었다는 것을 말한다. 그것이 예수 그리스도까지 이어지는 것이다.

룻이 받은 축복은 정말 놀라운 축복이다. 하나님께서 그 이름을 한 번 기억하고 세운 사람에게 부으시는 축복의 양이 가히 상상할 수 없을 정도다.

끊어지지 않는 복

이스라엘에 있어서 기업이 끊어진다는 것은 큰 저주다. 우리는 기업이 끊어진다는 것의 상징적 의미를 분명히 알아야 한다. 하나님이 누구를 선택하셨다는 것은 단순히 그 사람 하나만 이 땅에서 잘 되라고 복을 준다는 의미가 아니다. 그렇다면 세상의 복과 똑같다. 세상 사람이 갖는 꿈은 이 땅에서 잘 되는 것이다. 하지만 예수를 믿는 사람은 종말론적 신앙을 가진다.

종말론적 신앙이란 이 세상의 가치, 이 세상의 힘, 이 세상의 것이 어느 날 심판을 받아 종말을 맞이할 것을 알기에 그것을 좇지 않는 신앙을 말한다. 심판 이후 하나님이 친히 다스리시는 새 하늘과 새 땅이 열릴 것이다. 단순히 말세가 있다는 것만 아는 것이 아니라 이 땅을 살 때에도 이 땅의 가치로 살지 않고 하나님나라의 가치를 이 땅으로 가지고 와서 이 땅에서부터 그 가치와 기준으로 살아간다는 것이다. 우리가 이 땅에 있는 것에만 가치를 둔다면 우리는 세상 사람이다. 우리의 마음과 소망과 비전은 이 땅의 것에 있으면 안 된다는 말이다.

하나님께서 아브라함을 불렀을 때는 아브라함에게만 복을 주신다고 한 것이 아니다. 아브라함으로 하여금 큰 민족이 되게 하겠고 아브라함의 '자손'에게 가나안 땅을 주신다고 하셨다. 따라서 아브라함의 인생에서 가장 중요한 싸움은 이삭을 얻는 싸움이었다. 이삭이 없으면 아브라함의 축복은 꽝이다. 아브라함이 '믿음의 조상'이 되려면 '후손' 없이는 불가능하기 때문이다.

아브라함이 갈대아 우르에서 밥을 굶었는가? 거기서 신상을 조각했다면 그 사람은 매우 잘 살았다. 그런 아브라함이 본토 친척 아비 집을 떠나 나그네로 떠돌았다는 것은 어떤 면에서 물질적으로 큰 피해를 본 것이다. 그렇다면 아브라함이 받은 축복은 어떤 축복인가? 단순한 물질적 축복이 아니다. 하나님께서 아브라함을 통해 어떤 일을 하시며, 앞으로 아브라함 당대뿐만이 아니라 자자손손

(子子孫孫)에게 베풀 하나님의 은혜, 그들을 통해 이루어갈 하나님의 계획이 있다는 것이 아브라함이 받은 축복이다.

그 이스라엘 백성에게 자손이 끊긴다는 것은 하나님으로부터 버려졌다는 사건의 표증이다. 저주다. 그러니까 끊어지지 않고 이어가게 하는 계대법이 만들어진 것이다. 그러나 하나님이 주신 복은 그 정도가 아니다. 모든 기업이 다 하나님으로부터 복을 받고 그 복이 흘러가는 축복이다. 하나님이 선택한 자의 기업은 결코 끊어지지 않는 복을 받는다. 하나님께서 그 자손을 끊어지지 않게 하시며 하나님께서 그 자손을 붙잡아주신다는 약속이다. 아브라함과 다윗의 자손 예수 그리스도의 세계까지 이어지는 축복이다.

하나님이 복을 주시기로 한 번 작정한 자가 과연 어떤 자인지 알겠는가?

하나님이 세우신 기업

두 번째 축복은 에브랏에서 유력하고 베들레헴에서 유명하게 하시는 축복이다. 에브랏은 베들레헴의 옛 이름으로 유력하고 유명해지는 것을 강조한 표현이다. 베들레헴에서 바로 예수님이 탄생하신다. 베들레헴 하면 우리는 예수님의 마구간을 떠올리게 된다. 큰 별이 머물러 있는 그곳에 동방박사가 찾아왔다. 그들은 아무것도 모르고 왔겠지만 그 땅은 예수 그리스도가 나신 땅으로 유명하다. 예수님이 그 땅에 태어나지 않으셨다면 베들레헴은 베들레헴이 아니다. '베들레헴'의 뜻은 "떡집"이다. 예수님은 생명의 떡이시다. 그 땅이 갖는 모든 상징적 의미와 축복이 예수 그리스도로 이어진다. 예수 그리스도까지 그 유력함과 유명함이 흘러가리라는 축복이 선포되는 장면이다.

또 12절에서 "여호와께서 이 젊은 여자로 말미암아 네게 상속자를 주사 네 집이 다말이 유다에게 낳아준 베레스의 집과 같게 하시기를 원하노라"라는 세 번째 축복을 말한다.

예수 그리스도의 족보를 시작할 때 마태복음 1장 1절은 "아브라함과 다윗의 자손 예수 그리스도의 계보라"라고 해서 아브라함과 다윗이라는 양대 기둥을 언급한다. 아브라함부터 다윗까지 그 기업이 흘러가다가 중간에 어떤 위기가 있었고 그것이 어떻게 다시 이어졌는지 이야기하고 있다.

"유다는 다말에게서 베레스와 세라를 낳고 베레스는 헤스론을 낳고"(마 1:3).

사실 유다는 그의 아들 엘과 오난이 죽자 며느리 다말에게 막내아들 셀라를 주지 않아 급기야 그 기업이 끊어지게 되었다. 하나님께서는 유다를 통해 예수 그리스도가 오게 하려고 하셨는데 어리석게도 유다가 자신의 기업을 끊어버린 셈이다. 그러자 며느리 다말이 창녀로 변장하여 시아버지 유다와의 사이에서 베레스와 세라라는 쌍둥이를 낳는다.

물론 다말의 방법은 옳지 않았다. 하지만 하나님이 보시기에 그 것이 악했다면 다말 역시 엘과 오난처럼 죽음을 면치 못했을 것이다. 누가 잘못한 것이냐 하면 다말에게 셀라를 주지 않은 유다가 잘 못한 것이다. 따라서 정상적인 방법은 아니지만 하나님께서 다말을 통해 하나님의 기업이 예수 그리스도께로 이어지는 것을 허락하신 사건이다.

그런데 이때 베레스의 출생이 정상적이지 않았다.

"그 손을 도로 들이며 그의 아우가 나오는지라 산파가 이르되 네 가 어찌하여 터뜨리고 나오느냐 하였으므로 그 이름을 베레스라 불 렀고"(창 38:29).

다말이 베레스와 세라를 낳을 때의 장면이다. '베레스'라는 이름 의 뜻은 "터짐"이다. 베레스가 터뜨리고 나왔다는 것은 어떤 의미 인가? 그 기업이 끊어진 것 같았으나 그 안에서 폭발력 있게 나오는 듯한 느낌, 기업이 끊어지는 상황과 위기가 찾아와도 하나님이 그 것을 터뜨려서 기어이 그 기업이 이어지도록 하는 놀라운 복을 그 집안에 주셨다는 것이다.

이렇듯 유다는 며느리 다말에게서 베레스와 세라를 낳았다. 정상 적으로는 계보에 들어올 수 없는 이름이었다. 살몬은 라합이라는 가 나안 여자와의 사이에서 보아스를 낳았고, 보아스 역시 모압 여인 룻에게서 오벳을 낳았다. 인간적으로는 이 족보가 이어질 수 없었음을 보여준다. 더욱이 완벽한 다윗은 우리야의 아내에게서 솔로몬을 낳았다. 다윗의 아내가 아니다. 이것은 말이 안 되는 족보다. 예를 들어서 우리 집안 족보에 옆집 아저씨 이름이 들어가고 그 아저씨의 아내한테서 우리 집안 어느 장남이 태어났다면 말이 되는가?

어떤 사람이 자기 가문 자랑하기를, 우리 몇 대조 할아버지는 시아버지와 며느리 사이에서 태어났고, 그 다음에는 다른 나라 기생과의 사이에서 태어났고, 또 한 분은 어느 이방인 과부와의 사이에서 태어났고, 급기야 어떤 분은 다른 사람의 아내를 빼앗아 와서 자식을 낳았다고 하면 그것이 과연 정상적으로 이어진 족보라고 할 수 있는가?

마태복음 1장에 나오는 예수 그리스도의 족보는 진짜 기가 막힌 족보다. 예수님의 족보는 한마디로 인간으로서는 이어질 수 없는 끊어진 죄의 족보다. 하지만 하나님께서 그것을 이으셨다. 저주를 끊어버리고 생명을 이어가는 족보를 상징한다. 그래서 마태복음 1장 예수 그리스도의 족보를 생명의 족보라고 하고, 창세기 5장 아담의 족보를 죽음의 족보라고 한다.

마태복음 1장의 족보는 그 흐름상 우리가 이해할 수 없어도 끊어지지 않고 이어져서 예수 그리스도까지 흘러가고 있다. 그러니까 이 왕의 족보는 사람의 힘이 아닌 하나님의 힘으로 흘러왔으며 아브라함과 다윗의 기업은 결국 하나님이 세우신 것이다.

룻이 받은 이 모든 축복은 어떠한 경우에도 하나님의 은총이 끊어지지 않고 영원히 함께한다는 놀라운 축복이었다.

15 이는 네 생명의 회복자이며 네 노년의 봉양자라 곧 너를 사랑하며 일곱 아들보다 귀한 네 며느리가 낳은 자로다 하니라 16 나오미가 아기를 받아 품에 품고 그의 양육자가 되니 17 그의 이웃 여인들이 그에게 이름을 지어 주되 나오미에게 아들이 태어났다 하여 그의 이름을 오벳이라 하였는데 그는 다윗의 아버지인 이새의 아버지였더라 18 베레스의 계보는 이러하니라 베레스는 헤스론을 낳고 19 헤스론은 람을 낳았고 람은 암미나답을 낳았고 20 암미나답은 나손을 낳았고 나손은 살몬을 낳았고 21 살몬은 보아스를 낳았고 보아스는 오벳을 낳았고 22 오벳은 이새를 낳고 이새는 다윗을 낳았더라

룻기 4:15-22

베레스의 계보

룻기의 마무리는 베레스의 계보로 시작하여 다윗을 낳은 것으로 마무리된다. 베레스부터 다윗까지 총 10대로 이어지고 있는데, 출애굽 이전에 5명, 출애굽 이후에 5명으로 기록하였다. 이것은 10명만 선별한 것으로 베레스부터 다윗까지 완전수 10명을 의도적으로 선택한 것이다.

예수님의 조상으로 선택된 유다 지파는 그 처음 시작부터 유다로

말미암아 끊어진 것을 하나님께서 터뜨리고 나오게 하셨다. 그리고 사사 시대의 타락으로 끊어진 것을 하나님께서 룻을 통해 기필코 다윗까지 이어가신 것이다.

룻기는 4장 18절에 "베레스의 계보는 이러하니라"라고 해서 완전수 10명의 계보를 보여준다. 이것은 12절에 "네 집이 다말이 유다에게 낳아준 베레스의 집과 같게 하시기를 원하노라"라는 축복과 연결된 반복 강조다. 그러면 왜 다말이 유다에게서 낳은 베레스부터 그 계보를 다시 강조하고 있을까?

하나님을 왕으로 모셔야 될 엘리멜렉이 하나님을 떠나 모압 지방으로 갔다. 거기서 그의 아들 말론이 여호와의 총회에 영원히 들어갈 수 없는 모압 여인과 결혼하고 자식 없이 죽었다. 나오미는 태가 닫혔고 결국 엘리멜렉의 기업은 끊어졌다. 그런데 하나님께서 룻을 통해 그의 기업을 이어가신 것, 그것이 다말과 같다는 것이다. 인간에게서는 끊어졌으나 하나님의 힘과 능력이 그의 집을 다시 세우셨다. 인간이 가진 것으로 된 것이 아니라 하나님이 하신 것이다.

아브라함이 100세에 이삭을 낳았다. 사실 100세에는 자식을 낳을 수 없다. 사라도 그 이야기를 듣고 웃었다. 사라도 믿지 않은 것이다. 사실 아브라함의 씨는 원래부터 없었다. 아브라함이 100세 낳은 이삭은 원래부터 인간의 힘과 능으로는 날 수 없는 씨였다. 이로써 하나님은 하나님의 영적 자손이 처음부터 아브라함으로부터도 아니며 사람이 택할 수 있는 것도 아니라는 것을 우리에게 가르쳐주신다.

이스라엘은 원래 하나님으로부터 시작된 민족이다. 유대인들이 착각하는 것처럼 혈통이 아니라는 말이다. 유다에서 이미 끊어진 것을 하나님이 이으셔서 유다의 상속자 베레스의 계보가 시작된 것처럼 엘리멜렉에서 끊어진 것을 다시 하나님이 이어주셨다. 하나님이 그 기업을 살리신 축복이 그 가계에 흘러가게 될 것이다. 그 가계는 인간이 만든 것도 인간의 능력으로부터 나온 것도 아니다. 그 기업은 하나님으로부터 온 기업이다.

21절에 보아스는 오벳을 낳았다. 그 뜻은 "섬기는 자", "봉양하는 자"다. 이새는 "부", "재산", 다윗은 "사랑함"이라는 뜻이다. 룻이 낳은 오벳이 다윗의 아버지인 이새의 아버지였다고 하는 순간 이스라엘 백성에게 얼마나 경이로웠을까. 단순하게 기업을 이을 한 아이가 태어난 것이 아니다. 보통의 가문을 이어갈 자가 아니다. 한 나라, 신본정치의 왕권을 이룬 다윗이다. 그의 할아버지다. 예수님의 조상이 되는 자를 하나님께서 주셨다. 하나님이 하나님의 기업을 이은 자에게 주시는 놀라운 축복이다.

룻에게 주신 하나님의 복을 사모하라

🌿 하나님을 따르는 우리는 모두 모압 여인 룻과 같은 자들

이다. 우리가 하나님의 기업이 되었다는 것은 우리의 혈통이나 다른 어떤 조건 때문이 아니다. 인간은 다 똑같다. 우리는 원래 모압이다. 우리는 예수 그리스도를 십자가에 못 박아야만 구원받을 수 있는, 죄로 찌든 자들이다. 하나님의 은총이 아니면 여호와의 총회에 들어올 수 없는 자손이다. 그런 우리가 하나님의 자녀라고 고백할 수 있는 자손이 되었다. 우리는 예수 그리스도의 힘으로 살아간다. 우리의 기업이 끊이지 않는 것은 오직 하나님 때문이다.

하나님의 기업은 끊어지지 않는다. 하나님의 기업은 망하지 않는다. 하나님이 세운 것은 꺾이지 않는다. 오직 하나님의 힘으로 이어가실 것이다. 이 축복이 있고, 이 축복을 증거하는 계보가 바로 예수 그리스도의 계보다. 절대 망하지 않는 계보를 우리가 받았다.

이렇게 신앙이란 나 자신을 근거로 하지 않는다. 나를 부르신 주님의 도우심과 인도하심만을 의지하여 한 걸음, 한 걸음 달려가는 삶이다.

"나는 능력이 없다. 나는 아무것도 아니다. 하지만 하나님이 나의 하나님이시다."

나는 이 고백이 신앙생활이라고 믿는다. 설령 부도가 난다 해도 우리는 망하지 않는다. 망하는 것처럼 보이는 과정을 밟기도 한다. 하지만 그리스도 안에 붙잡힌 자는 하나님이 그 기업을 만들어 가신다는 것을 믿고 룻처럼 믿음의 발자취를 가면 된다.

기도하다가 안 되면 울라. 그것도 안 되면 그저 하나님 앞에 앉아 있으라. 하나님이 하실 것을 믿으라. 룻은 나의 이야기이기도 하지만 주님이 부르신 우리 모두의 이야기다. 주님이 우리를 선택하신 이상 하나님이 이끌어 가신다는 것을 믿으면 된다.

우리가 하려고 하면 안 된다. 힘들다. 그러면 주님도 이렇게 말씀하신다.

"힘들겠구나. 어렵겠구나. 너의 능력으로는 안 되겠구나!"

우리의 능력으로는 기업이 끊긴다. 그러나 그 기업을 이어주시고 우리와 함께하시는 만군의 여호와가 우리의 하나님이시기에 그분만을 붙잡는 것, 그것이 신앙이다.

그런데도 우리의 고백은 여전히 여기에 머무를 수 있다.

"주님, 나는 능력 없습니다. 지금도 두렵습니다. 말씀을 듣고 그것이 내 믿음이 된 것 같다가도 돌아서서 한 발자국 떼는 것이 얼마나 두려운지 모릅니다. 그것이 바로 접니다. 그러나 지금 내가 주님을 바라보고 주님을 붙잡습니다. 주님, 도와주셔서 내가 룻처럼 하나님의 기업을 이어가고, 내 인생이 하나님 앞에 기업이요 후사요 기쁨이었다고 고백할 수 있도록 저를 인도해주십시오."

이렇게 고백해야 한다. 주님이 이 고백을 통해 이루신다는 것을 잊지 말라. 이것이 우리에게 룻기를 주신 이유다. 하나님이 선택하신 자와 그 기업은 하나님의 능력과 은혜로 말미암아 꺾이지 않으며, 힘 있게 터뜨리고 나와 한 사람이라도 하나님의 기업 안에서 떨어져 나가지 않도록 하신다.

그 하나님만을 바라보라. 지치면 지치는 대로 보라. 기도가 안 나오면 고개를 들어 "주님!"이라고 하라. 주님이 우리를 하나님의 사람으로 가치 있게 세우실 것을 믿기만 하라.

나도 할 수 있어!

그러면 과연 이 사실을 룻이 알았을까? 나오미를 따라가서 시어머니를 봉양하고, 나오미가 하라는 대로 대를 잇는 결혼을 해서 아이 하나를 낳고 그 아이를 키우고 살다 죽은 것이 룻이 한 일의 전부다. 이 정도는 해볼 만하지 않은가? 아브라함처럼 본토 친척 아비 집을 떠나라고 하지 않고, 이삭처럼 목숨 걸고 순종하라 하지 않고, 야곱처럼 처참한 타향살이를 하라는 것도 아니다. 그저 하나님의 교회를 섬기며 봉양하고, 어렵고 힘들어도 예배드리면서, 가정을 꾸려 아이 하나 잘 키우는 일이라면 우리도 해볼 만하지 않겠는가?

룻은 자신이 다윗의 조상이 될지, 예수님의 조상이 될지 알지 못한 채 그저 애를 낳아 키웠을 뿐이다. 그런데 하나님께서 그 작은 헌신을 얼마나 기뻐하셨으면 다윗의 조상이 되고, 예수님의 조상이 되어 지금까지 그 이름이 아름답게 알려지고, 천국에서 유명하며, 이 땅에서 유명한 자로 만들어주셨을까.

하찮다고 생각하지 말라. 하나님 앞에 예배드리는 일, 봉사하는 작은 일이라도 작다고 생각하지 말라. 자신의 자녀 하나 믿음으로 키우는 일을 가벼이 여기지 말라. 주님의 이름으로, 주님의 고백으로 키웠다면 그것을 주님도 기억하시고 유명하게 하신다. 그의 가문과 삶을 축복해주겠다고 약속하신다. 하나님이 주시는 믿음의 축복을 받아들여라.

이 시대에 또 다른
룻의 역사를 기대하며

룻기는 나의 인생에서 큰 위로와 소망을 보여준 책이다. 그러나 룻기를 쓰게 된 이유는 단순히 나의 고백을 넘어서서 이 시대에 우리 모두에게 주시는 하나님의 메시지가 담겨 있기 때문이다. 많은 사람들이 이 시대에 교회와 성도들의 타락을 이야기하고 있다. 그리고 실제로 많은 교회들이 힘을 잃어버렸고 기독교인들조차 어떻게 살아야 할지 모른다.

기독교가 우리나라에 들어왔을 때 한국은 역사적으로 불행한 시기를 보내고 있었다. 기독교는 우리나라의 불행한 시절과 함께 성장하기 시작했다. 우리는 그때를 '순교의 시기'라고 부른다. 그리고 한국은 새마을운동과 더불어 '부흥의 시기'를 맞이한다. 바로 이때 우리는 전설 같은 교회 성장의 신화를 경험한다. 천막을 치고 개척해도 교회가 성장했고 하나님이 복 주실 것을 믿고 기도하면 실제로 그 결과를 맛보았다.

그런데 지금 한국 교회는 당황하고 있다. 성장할 만큼 성장했는데 오히려 교회는 힘을 잃었고 목사와 성도들의 타락은 더 심해졌기 때문이다. 사회에서는 안티기독교가 얼마나 큰 목소리를 내고 있는지 모른다. 기독교에 대한 상식을 넘어서는 악성 댓글이 얼마나 무섭게 달리는지 모른다.

지금은 개척도 교회 성장도 멈추어버렸다. 다원주의 사회에서 오는 수많은 도전들 속에서 교회는 어디로 가야 하는지 방향을 잃어버렸다. 성도들은 먹고사는 문제에 허덕이고 있다. 과연 우리의 교회에 진정한 소망이 있는 것일까?

룻이 살던 사사 시대 역시 만만치 않게 힘든 시대였다. 가나안 땅으로 진군한 이스라엘 백성들은 가나안 땅 정복에 실패했고 여호수아 이후에 일어난 다른 세대는 여호와를 알지 못했다. 사사도 온전치 못하고 이스라엘 백성들은 모두 각자 자기 소견에 옳은 대로 살아갔다.

그런데 그 온전하지 못한 사사를 통해서 하나님이 구원을 이루셨다. 모압 여인 룻을 통해서도 이스라엘을 이끌어 가셨다. 나는 룻을 보며 다시금 이 시대에 소망을 갖는다. 룻기는 이보다 더 소망이 없던 사사 시대에도 하나님 때문에 망하지 않은 역사를 우리에게 보여줬다.

교회가 힘을 잃었다고, 목회자와 성도가 타락했다고 함부로 말하거나 낙심하지 말라. 룻을 통해서 역사하신 하나님이 지금도 일하시며 이 땅의 교회를 이끌어 가신다. 룻기는 이 시대 속에서 나에게 하나님을 향한 믿음을 회복시킨 책이다. 이 땅에 보이는 교회가 무너지면 하나님은 모압 여인 같은 룻을 찾으셔서 또 이루어 가실 것이다. 주님의 나라는 망하지 않는다.

만약 내가 룻과 같이 하나님을 향한 고백을 잃지 않는다면, 나의 삶이 아무리 처절해도 이삭 줍는 마음으로 순종하는 삶을 살아간다면, 하나님의 기업에 대한 소망을 갖고 산다면, 하나님은 분명히 그 사람을 룻과 같이 사용하실 것이다.

이 룻기를 읽는 모든 성도들이 하나님 앞에 유명한 자, 하나님이 기억하시는 이름이 되기를 소망하고 살기를 바란다. 그러기 위해서 나는 지금 자신이 할 수 있는 일을 하라고 말하고 싶다. 그러면 하나님이 하신 일들을 보게 될 것이다.

당신이 룻이 돼라. 주님만 바라보며 큰 충성은 못해도 맡겨주신 작은 일에 충성하면서 달려가라. 하나님이 기억하고 싶지 않은 사람이 아니라 자랑하고 싶은 사람이 되기를 소망하라. 나에게 맡겨진 교회와 가정이 작다고 여기지 말고 모든 일 가운데 성도답게 살아가라.

하나님이 만지시면 보리떡 다섯 개와 물고기 두 마리로 어떤 일을 하실지 모른다. 모압 여인 룻을 통해서 기적을 만드신 하나님이시다. 그 하나님을 믿으라. 하나님께서 당신을 통해서 이 시대에 또 하나의 룻의 역사를 만들어 가실 것이다.

넌 내가 책임진다

초판 1쇄 발행　2013년 6월 10일
초판 16쇄 발행　2024년 1월 24일

지은이　　　김남국

펴낸이　　　여진구
책임편집　　안수경
편집　　　　이영주 박소영 최현수 김도연 김아진 정아혜
책임디자인　마영애 노지현 조은혜 이하은
홍보·외서　진효지
마케팅　　　김상순 강성민　　　　　　마케팅지원　최영배 정나영
제작　　　　조영석 허병용　　　　　　경영지원　　김혜경 김경희

303비전성경암송학교 유니게 과정
이슬비전도학교 / 303비전성경암송학교 / 303비전꿈나무장학회

펴낸곳　　　규장

주소 06770 서울시 서초구 매헌로 16길 20(양재2동) 규장선교센터
전화 02)578-0003　　팩스 02)578-7332
이메일 kyujang0691@gmail.com　　　　　홈페이지 www.kyujang.com
페이스북 facebook.com/kyujangbook　　　인스타그램 instagram.com/kyujang_com
카카오스토리 story.kakao.com/kyujangbook
등록일 1978.8.14. 제1-22

ⓒ 저자와의 협약 아래 인지는 생략되었습니다.
이 출판물은 저작권법에 의해 보호를 받는 저작물이므로 무단 전재와 무단 복제를 할 수 없습니다.

책값　뒤표지에 있습니다.
ISBN 978-89-6097-304-6 03230

규 | 장 | 수 | 칙

1. 기도로 기획하고 기도로 제작한다.
2. 오직 그리스도의 성품을 사모하는 독자가 원하고 필요로 하는 책만을 출판한다.
3. 한 활자 한 문장에 온 정성을 쏟는다.
4. 성실과 정확을 생명으로 삼고 일한다.
5. 긍정적이며 적극적인 신앙과 신행일치에의 안내자의 사명을 다한다.
6. 충고와 조언을 항상 감사로 경청한다.
7. 지상목표는 문서선교에 있다.

하나님을 사랑하는 자 곧 그의 뜻대로 부르심을 입은 자들에게는 모든 것이 合力하여 善을 이루느니라(롬 8:28)

규장은 문서를 통해 복음전파와 신앙교육에 주력하는 국제적 출판사들의
협의체인 복음주의출판협회(E.C.P.A:Evangelical Christian Publishers
Association)의 출판정신에 동참하는 회원(Associate Member)입니다.